안나annas의 귀여운
쁘띠자수
가와바타 안나 지음 | 김수정 옮김

KB275229

annas
petite broderie

일러스트를 그리듯이, 색을 칠하듯이

어릴 때부터 일러스트 그리기를 무척 좋아했던 저는 어느 날, 펜으로 그림을 그리듯이 실로 천에 그림을 그려 넣을 수 있다면 참 좋겠다는 생각을 하게 되었어요. 그것이 제가 자수를 시작하게 된 계기였습니다. 그 이후로 그림에 색을 칠하듯이 실로 색을 넣어가는 자수에 빠져버렸고, 현재에 이르렀습니다. 바늘과 실로 그려나가는 세계는 펜으로 그리는 것과는 또 달라서 세밀함이 약간 떨어지지만, 그만큼 상상력을 불러일으키는 부분이 있습니다. 바늘과 실로 작은 세계를 만드는 기쁨이 여러분과도 함께 하기를 바랍니다.

작은 도안에 색을 칠하듯이
한 땀 한 땀 수를 놓아가는 시간은 더없는 행복의 시간.

포동포동 귀여운 다람쥐도,
절제된 색의 세련된 돋을새김 무늬도,
모두 애착이 샘솟는 귀여운 존재들입니다.
수를 놓다 보면 완성된 모습과 빨리 만나고 싶어져서
'조금 더 조금만 더'하며 계속해서 수를 놓게 됩니다.

도안을 생각할 때는
스토리를 마음속에서 상상해보세요.
그리고 마음에 드는 장면이 떠오르면 그려보는 거예요.
이런 작은 스케치에서 시작되는 세계는
점점 더 넓게 펼쳐질 것입니다.

Contenu

쁘띠자수 테크닉 가이드

1장. 새틴 스티치를 시작하세요

이 책에서 제안하는 도안은 새틴 S를 베이스로 수를 놓아 메우는 것입니다. 새틴 S는 실을 평행하게 여러 가닥 나란히 놓아 면을 만드는 스티치로, 기본 동작은 홈질과 같이 [넣고 뺀다] 입니다. 무척 간단하지요? 색연필로 색을 칠한다는 느낌으로 자수로 도안에 색을 입혀보세요.

미모사의 작은 가지   도안과 수놓는 법 >> p.50

몽실몽실 바람에 흔들리는 작은 노랑꽃을 자수 실로 그렸습니다.
꽃의 크기를 약간씩 달리하면 입체감이 생깁니다.

서클 새틴 스티치

원을 수놓을 때는 중앙에서 바깥을 향해 평행하게 놓습니다.

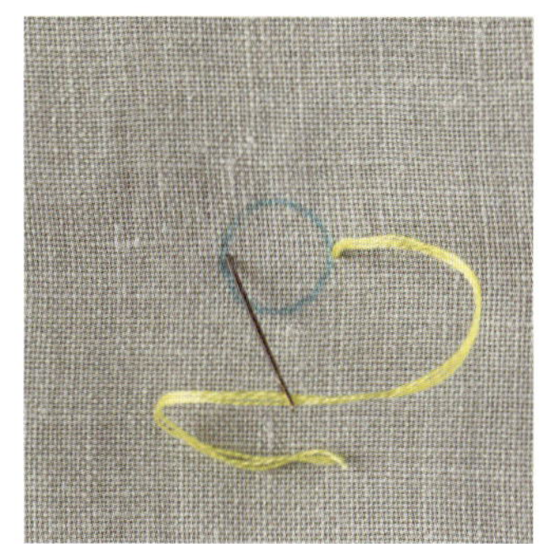

1. 원의 중앙부터 수를 놓습니다.

2. 한 땀 수를 놓은 모습

3. 그대로 위를 향하여 원의 형태를
   따라 평행하게 수놓습니다.

4. 위쪽 끝까지 수를 놓은 모습

5. 중앙에서 아래를 향하여 평행하게
   수를 놓습니다.

6. 원이 한 개 완성되었습니다.

망망한 바다를 헤치며 거침없이 나아가는 작은 배.
바람을 품은 돛과 나부끼는 깃발을 스티치로 표현했습니다.

스퀘어 새틴 스티치

■ 사각형 모양을 수놓을 때는 끝부터 놓습니다.

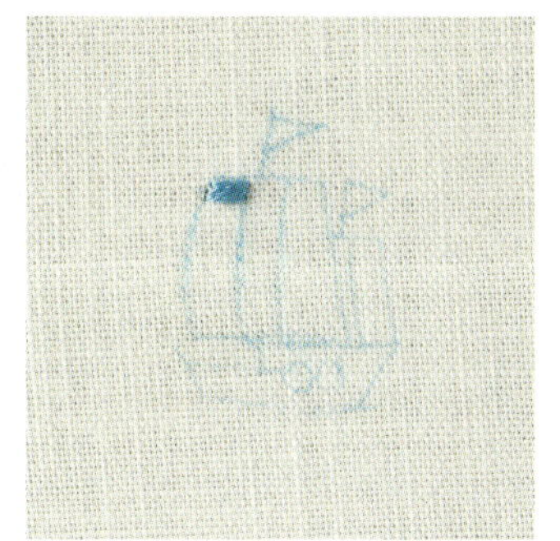

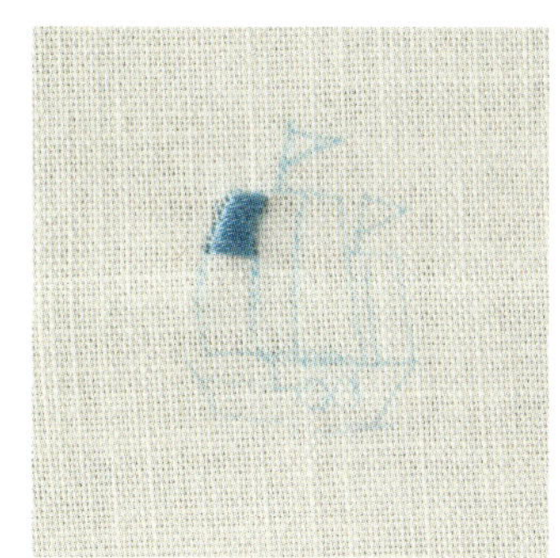

1. 사각형의 한 변에 대하여 평행하게
   끝부터 수를 놓습니다.

2. 같은 폭으로 계속합니다.

3. 반대쪽 끝까지 완성합니다.

트라이앵글 새틴 스티치

▲ 삼각형을 수놓을 때는 두 변을 수놓은 후에 안을 메웁니다.

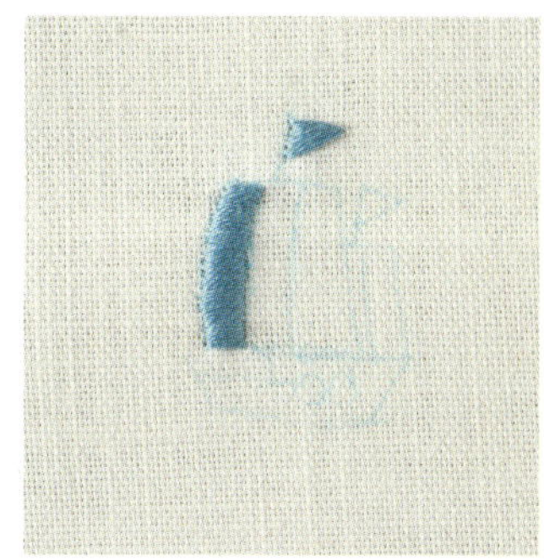

1. 삼각형의 두 변을 먼저 수놓습니다.

2. 내부는 바깥쪽에서부터 각각의 변에
   평행하게 수놓아 갑니다.

3. 중심까지 수놓아 메우면 완성입니다.

날개를 한껏 펼치고 자유롭게 하늘을 날아가는 남보랏빛 제비.
날개 끝과 꼬리 끝까지 매끄럽게 수놓는 것이 포인트입니다.

엔터 새틴 스티치

새틴 S에서 서서히 각도를 바꿔 아우트라인 S로.

1. 제비의 목 부분부터 수놓기 시작합니다.

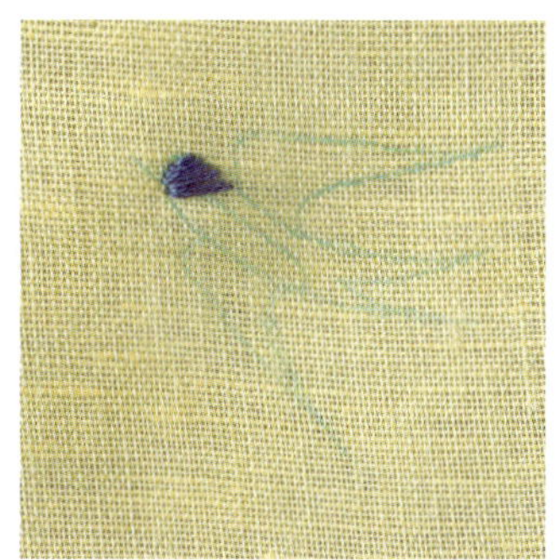

2. 위를 향하여 서클 새틴 S로 수놓습니다.

3. 목 부분에서 시작해 몸통을 수놓습니다.

엔터 새틴 S

4. 꼬리에 접어들었을 때, 앞의 스티치 보다 3분의 1씩 비껴서 다음 스티치를 합니다.

5. 그대로 4와 같은 방법으로 꼬리 끝까지 수놓습니다.

6. 같은 요령으로 나머지 꼬리도 수놓습니다.

‖ 토끼풀 도안과 수놓는 법 >> p.52 ‖

들판에 피는 이 작고 하얀 꽃은 제각각 피어나 속삭이듯이 흔들리고 있습니다.
줄기의 길이와 각도를 바꿔서 움직임을 표현합니다.

버드풋 스티치

잎을 수놓을 때는 끝쪽만 새의 발자국처럼 수놓고 틈을 메웁니다.

1. 자신의 앞쪽에 있는 잎사귀의 끝 부분
   부터 수놓습니다.

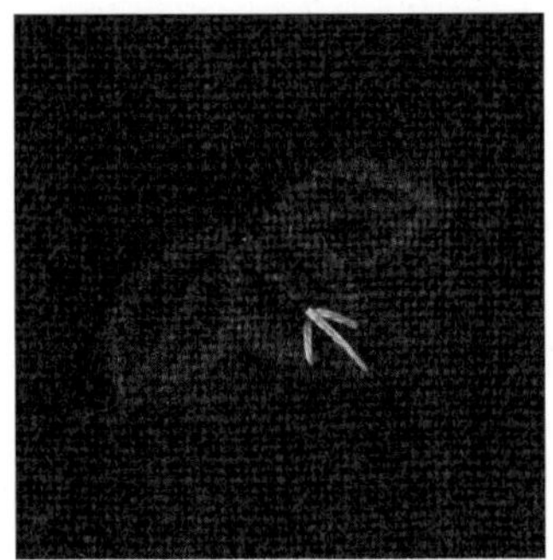

2. 끝을 새 발자국처럼 수놓습니다.

3. 한쪽 면을 트라이앵글 새틴 S의 요령
   으로 수놓아서 메웁니다.

4. 비스듬한 채로 평행하게 잎의 한쪽
   면을 수놓습니다.

5. 반대쪽의 끝을 수놓아 메웁니다.

6. 비스듬한 채로 평행하게 반대쪽을
   수놓습니다.

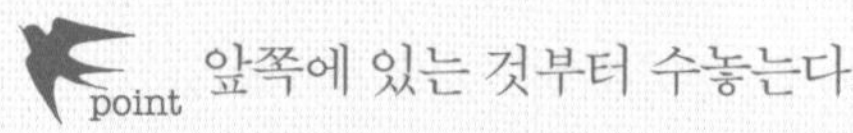

도안을 수놓을 때는 자신의 앞쪽에 있는 것부터 수놓습니다. 예를 들어 이 올리브 가지의 경우,
가장 밑에 있는 열매부터 시작합니다. 우선 열매를 수놓았으면 그다음은 줄기를, 그리고 마지막으로 잎을 수놓습니다.
뒤에 숨은 부분은 앞쪽에 있는 것을 먼저 수놓고, 그곳을 피하듯이 수놓으면 겹침이 깔끔하게 보입니다.

도안과 수놓는 법 >> p.53

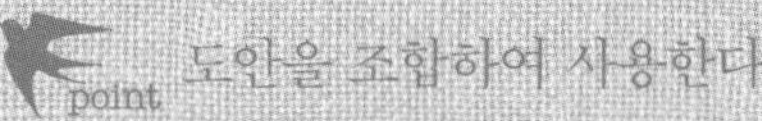

도안은 단품으로 수놓아도 예쁘지만 잘 조합하면 보다 풍부하게 표현할 수 있습니다.
왼쪽 페이지의 올리브 도안을 둥글게 연결하여 리스를 만들었습니다.
잎의 색을 바꿔주었더니 전체적인 인상이 확 바뀌었습니다.

도안과 수놓는 법 >> p.54

2장. 색 사용과 스티치

바탕이 되는 소재와 실을 선택하는 것은 자수의 참된 즐거움이라
할 수 있습니다. 직감적으로 감이 딱 올 때도 있지만, 도무지 정할 수가
없어서 일단 수를 놓아 볼 때도 있어요. 때로는 생각했던 이미지가 아니라서
다시 선택하는 일도 여러 번 있지만, 소재의 결합과 색의 조합이 완벽히
맞아떨어질 때는 모티브가 생각했던 것보다 훨씬 멋지게 보여서 무척 기쁘답니다.

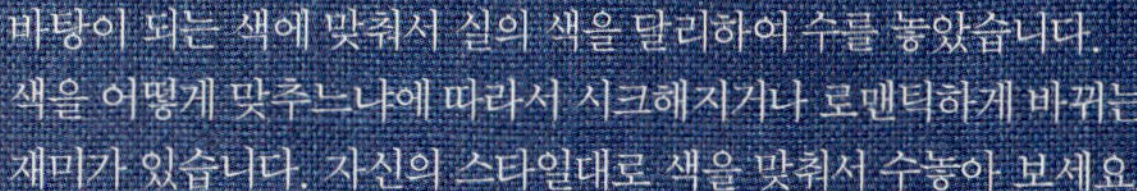
바탕이 되는 색에 맞춰서 실의 색을 달리하여 수를 놓았습니다.
색을 어떻게 맞추느냐에 따라서 시크해지거나 로맨틱하게 바뀌는
재미가 있습니다. 자신의 스타일대로 색을 맞춰서 수놓아 보세요.

레이지데이지 S를 조합하여 작은 꽃과 잎을 수놓았어요.
심플한 연속무늬는 수건이나 셔츠의 앞섶 등 여러 곳에 사용할 수 있는 편리한 아이템.
단색부터 조금씩 색을 더하여 컬러풀하게 완성해보세요.

사과꽃

장미

꽃잎처럼 같은 색으로 이웃한 공간을 수놓을 경우,
새틴 S의 방향을 바꾸면서 수를 놓음으로써 구별이 되도록 합니다.
가로로 나란한 공간의 경우, 세로방향으로 수를 놓으면 경계를 알 수 없게 되어
한 덩어리가 되어버리기 때문에 가로와 가로, 세로와 가로,
세로와 경사 등 방향을 바꿔서 수를 놓아주세요.

경계선이 잘 보이게 수놓는 법

경계선을 알 수 없게 수놓는 법

〈세로와 경사〉

〈가로와 가로〉

〈세로와 세로〉

〈세로와 가로〉

롱&쇼트 스티치

도안과 수놓는 법 >> p.57&58

백조

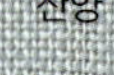

산양

닥스훈트

플라밍고

스컹크

조금 긴 거리를 수놓을 경우, 새틴 S에서 서서히 롱&쇼트 S로 바꿔서 수놓습니다.
동물의 털, 여자아이의 머리카락 등에 사용하면 생동감이 생깁니다.
새틴 S가 1cm를 넘을 경우엔 롱&쇼트 S를 사용합니다.

집

체인페더 S

알파벳
(레이지데이지 S)

바구니

에펠탑

체인 S는 라인을 그리거나 면을 수놓아 메울 때
새틴 S나 스트레이트 S와는 다른 독특한 표현을 할 수 있습니다.

여러 가지 아이템에 수를 놓아 즐길 수 있다는 것이 작은 자수의 매력입니다.
브로치나 손수건처럼 몸에 지니고 다니는 소품부터 옷이나 주방 잡화까지,
생활의 곳곳에 작은 색을 입혀 활력을 더해줍니다.

∥ 아네모네와 마거리트 티포트매트 ∥

도안과 수놓는 법 >> p.61&62

내추럴컬러의 리넨에 세련된 색조의 아네모네와 마거리트를 수놓아서
북유럽 느낌이 솔솔 나는 티포트매트를 만들었어요.

테두리 장식을 넣은 수건 도안과 수놓는 법 >> p.63

블루로 테두리 장식을 곁들인 수건은 파우더룸을 화려하게 물들여
줍니다. 좌우대칭의 연속무늬는 중앙부터 배치하고 무늬의 구분이
잘되는 곳까지 넣습니다.

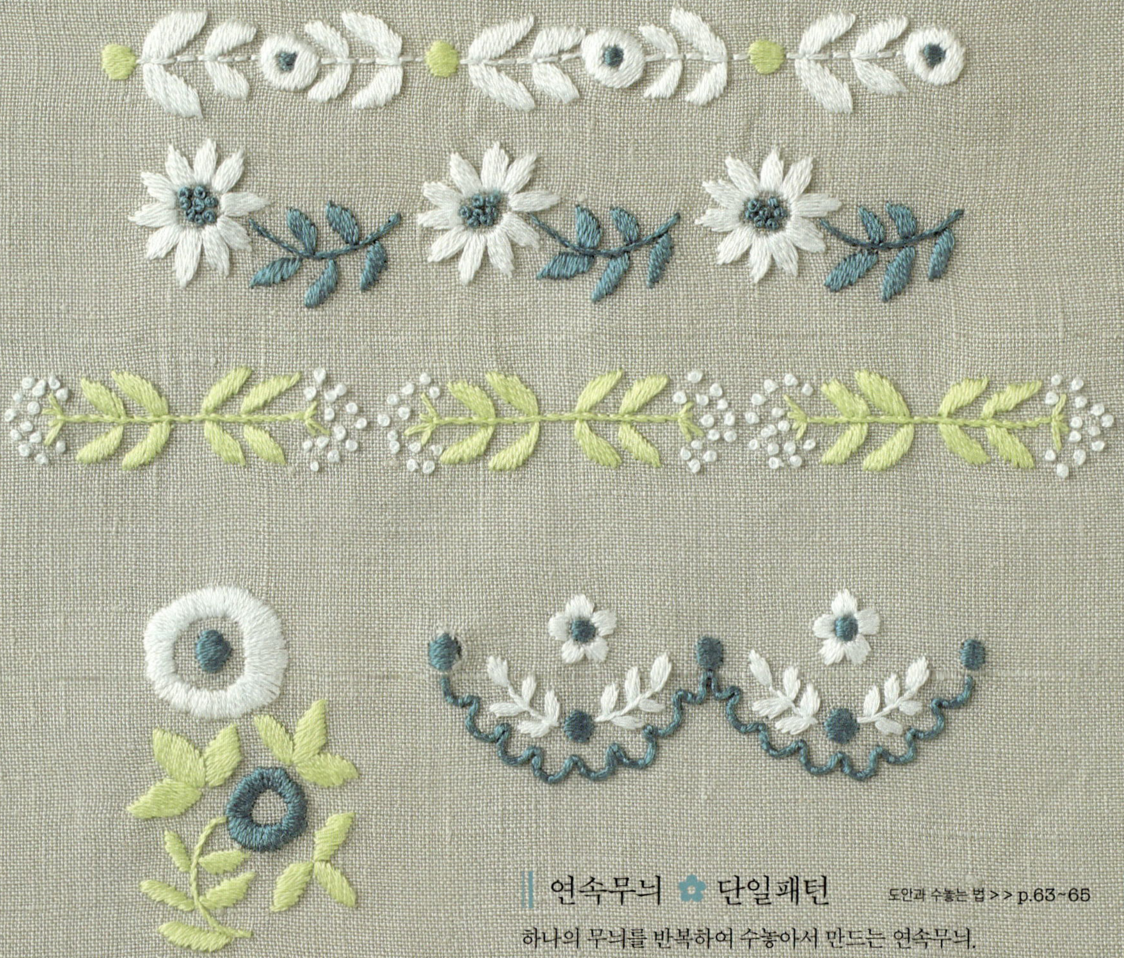

연속무늬 ✿ 단일패턴

도안과 수놓는 법 >> p.63~65

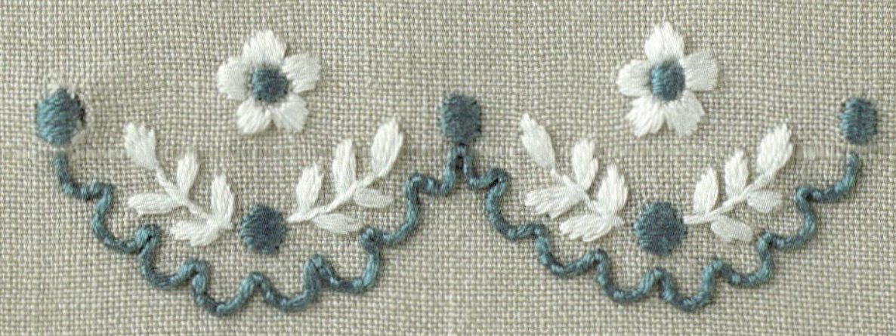

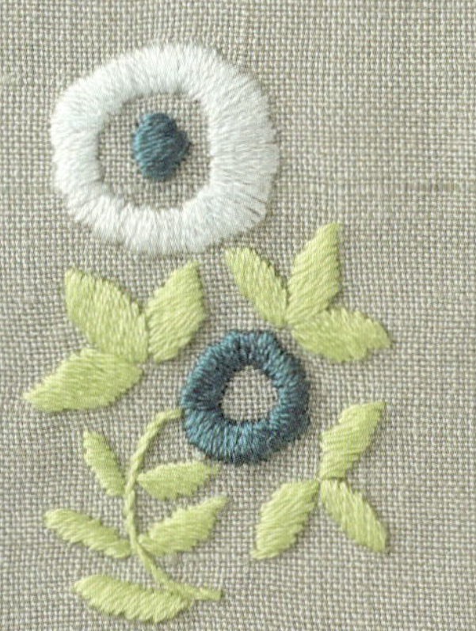

하나의 무늬를 반복하여 수놓아서 만드는 연속무늬.
손수건이나 테이블보의 가장자리, 셔츠의 앞섶이나 스커트의 밑단 등
여러 가지 아이템에 사용할 수 있는 그야말로 만능 도안입니다.

도안과 수놓는 법 >> p.62, 64&65

연속무늬 티포트매트

왼쪽 페이지에 있는 북유럽풍 도안에 색상 수를 늘려서 수놓으면
동유럽풍의 복고적인 느낌으로 변신합니다.

주머니를 마당 삼아 옹기종기 피어난 토끼풀들.
주머니 입구부터 1cm 정도 아래까지 수놓는 것이 자연스러운 완성의 포인트입니다.
단정한 노란색 원단에 화이트로 자수를 놓아 세련되고 고급스러운 악센트를 주었어요.
옷에 수를 놓을 때는 도안을 단색으로 선택하는 것이 자수가 너무 튀지 않으면서
옷과 잘 어우러진답니다.

가슴 부분에 수놓은 꽃무늬 덕분에 심심한 느낌의
데님치마가 민속적인 아이템으로 변신.
하나의 도안을 가지고 회전하고 반전시켜서
균형 잡힌 무늬를 완성했습니다.

가을의 긴긴 밤은 책에 푹 빠질 수 있는 독서의 시간.
이렇게 귀여운 자신만의 북커버가 있다면
어디로든지 책과 함께 떠나고 싶어지겠지요?

시크한 색 배합이 매력적인 도안.
포인트로 한 개만 수놓아도 예쁘고 여러 개를 조합해서 수놓아도 멋지답니다.
왼쪽 페이지의 북커버 도안에도 응용해보세요.

허브 사셰 도안과 수놓는 법 >> p.71&72

속에 들어있는 허브를 모티브로 한, 하얀 자수가 귀여운 사셰.
부담 없는 선물로도 아주 좋아요.

* 사셰 : 향가루 또는 향수 원액을 묻힌 솜이나 허브 등을 넣은 작은 주머니.

도톰한 바닥의 볼록한 마무리가 귀여운 작은 손지갑.
옅은 색의 원단에 단아한 색의 도안을 조합하면
고급스럽게 완성됩니다.

‖ 알파벳 샘플러 도안과 수놓는 법 >> p.75~77 ‖

새틴 스티치와 참 잘 어울리는 장식문자.
평범한 물건에 이니셜이나 이름을 살짝 수놓아보세요.
세상에 오직 하나뿐인 나만의 물건으로 거듭난답니다.

M a b c d e f g

h i j k l m n

o p q r s t u

v w x y z

왼쪽 페이지의 알파벳을 응용하여
심플한 손수건에 수를 놓았습니다.
매일 사용하는 아이템에 요일 자수를 넣어보세요.

월요일	Lundi
화요일	Mardi
수요일	Mercredi
목요일	Jeudi
금요일	Vendredi
토요일	Samedi
일요일	Dimanche

동물 브로치

도안과 수놓는 법 >> p.78~81

당장에라도 움직일 것 같은 귀여운 동물들을 작은 브로치에 담았습니다.
흰색과 베이지처럼 옅은 색 실은 수놓아진 실의 움직임이 잘 보이기
때문에 털을 표현하는 데 좋습니다.

올빼미

새끼염소

북극곰

고슴도치

토끼

작은새

고양이

다람쥐

펭귄

양

선명한 빨강 천에 흰색 실로 수를 놓은
산뜻한 브로치.
따뜻한 분위기의 도안과 나무틀이
온기를 느끼게 합니다.

회전목마의 전광 장식을 표현하는데 딱 어울리는 그러데이션 실.
그대로 수를 놓기만 해도 도안에 변화를 줄 수 있습니다.
수를 다 놓기 전엔 어떤 그러데이션이 나올지 모르는 것도 재미의 하나랍니다.

기범선
전투기
클래식카
탈것 etc.
도안과 수놓는 법 >> p.86~88

탈것이나 집과 같은 도안에는 직선과 원이 많이 등장합니다.
어려울 것처럼 보이지만 부속품이 많은 것일 뿐 막상 해보면
간단한 스티치만으로도 완성할 수 있습니다.

라푼젤

도안과 수놓는 법 >> p.42, 89~91

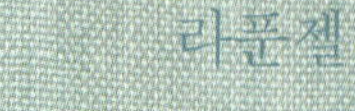

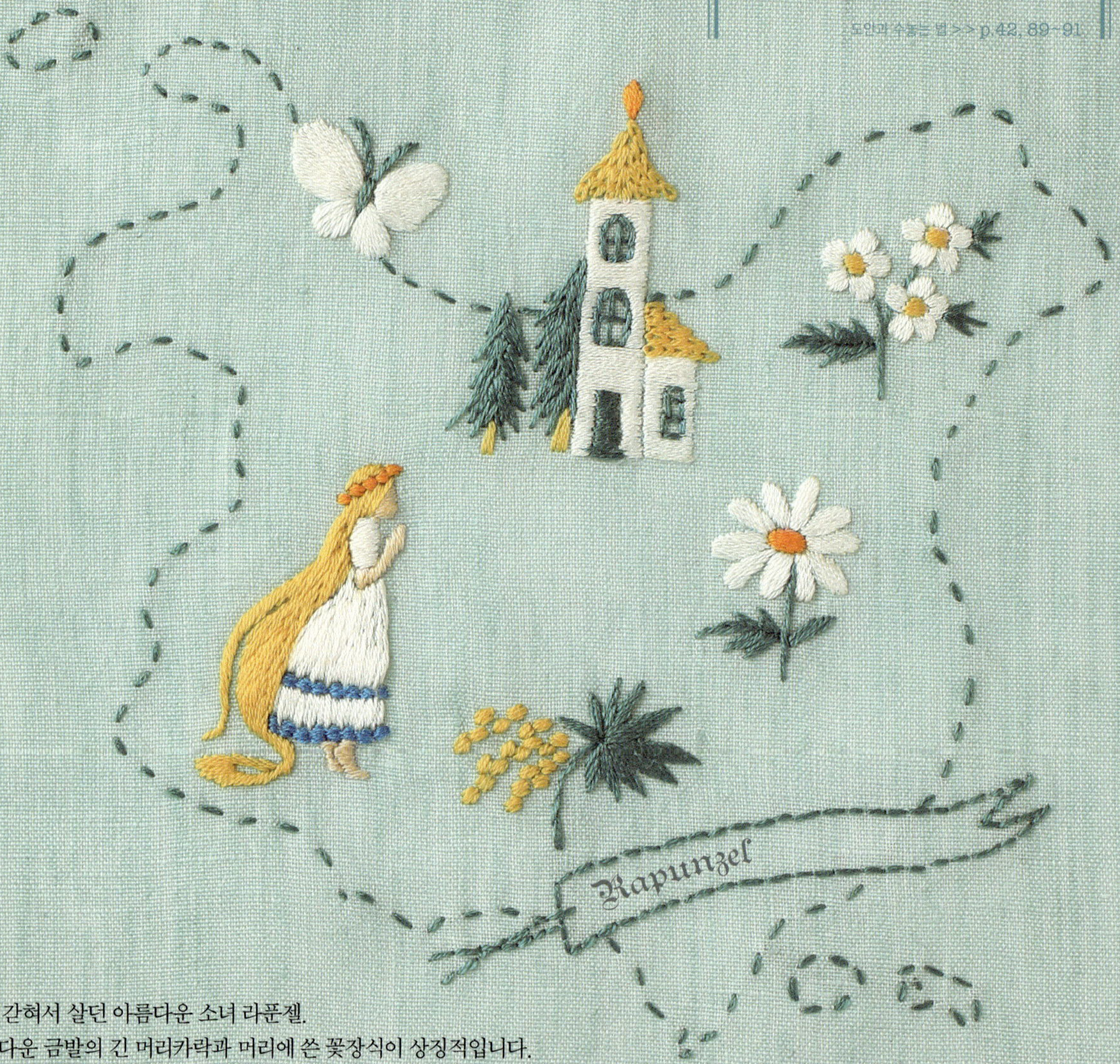

성에 갇혀서 살던 아름다운 소녀 라푼젤.
아름다운 금발의 긴 머리카락과 머리에 쓴 꽃장식이 상징적입니다.
찰랑찰랑한 긴 머리카락을 수놓을 때는 엔터 새턴 S와 롱&쇼트 S를 사용합니다.

장난꾸러기이면서 영리한 고양이가 활약하는
이 이야기는 장화와 망토, 커다란 자루가
트레이드마크. 이야기의 무대가 되기도 하는 성은
트라이앵글 새틴 S와 스퀘어 새틴 S로
수놓았습니다.

라푼젤 수놓는 법

인물을 수놓을 때는 얼굴부터 시작합니다. 그리고 몸은 가까운 쪽부터 순서대로 수놓아갑니다. 같은 색이라고 떨어져 있는 부분을 이쪽저쪽 수놓지 말고 이웃하는 곳부터 완성해가도록 하세요.

1. 얼굴을 서클 새틴 S로 중앙 부터 수놓기 시작합니다.

2. 얼굴을 수놓았습니다.

3. 머리 장식을 서클 새틴 S로 수놓습니다.

4. 드레스의 어깨 부분, 팔 순서로 수놓습니다.

5. 머리 꼭대기의 머리카락을 수놓은 후에 장식 아래의 머리카락을 수놓습니다.

6. 머리카락을 아랫부분까지 롱&쇼트 S로 계속해서 수놓습니다.

7. 드레스의 장식을 서클 새틴 S로 수놓습니다.

8. 드레스를 롱&쇼트 S로 수놓습니다.

9. 발을 수놓으면 완성입니다.

쁘 띠 자수 테크닉 가이드

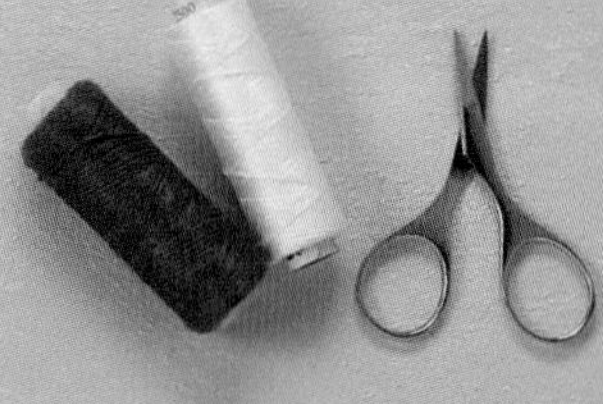

technique de broderie

A.
C.
B.
D.
H.
J.
K.
F.
E.
G.
I.

A. 본드
크래프트 본드. 손지갑이나 브로치를 마무리할 때 사용합니다.

B. 투사지
도안을 옮기기 위한 얇은 종이

C. 복사지
도안을 천에 옮길 때 사용하는 복사지. 물로 지워지는 타입을 사용합니다. (도안을 옮기는 법은 p.48 참조)

D. 자수바늘과 시침바늘
다양한 굵기의 바늘이 있으므로 자수 실의 가닥 수에 알맞게 사용합니다.
이 책에서는 프랑스자수 실을 사용하였습니다.

E. 실 자르는 가위
자수 실을 자를 때 사용합니다. 사진처럼 끝이 뾰족한 것이 사용하기 편합니다.

F. 초크펜
물로 지워지는 타입의 초크펜.
도안이 너무 흐리게 옮겨졌을 때나 선을 덧그릴 때도 사용합니다.

G. 트레이서
복사지를 사용해서 도안을 천에 옮길 때 사용합니다.

H. 재단가위
천을 자를 때 사용합니다.

I. 자수틀
자수를 놓기 편하도록 천을 당겨주기 위한 틀.
크기가 다양하므로 도안의 크기에 맞춰서 사용합니다. 8~10cm 사이즈를 추천합니다.

J. 셀로판
도안을 천에 옮길 때, 투사지가 찢어지지 않도록 위에 올려서 작업합니다.

K. 스마프리 (SMART PRINT®)
한쪽 면이 접착 시트로 되어 있는 투명한 스티커. 스마프리에 도안을 옮긴 후, 수를 놓고 싶은 곳에
붙이고 그 위에 직접 수를 놓습니다. 부드러운 천 등에 스마프리를 붙이면 팽팽함이 생겨서 수놓기가
편해집니다. 도안은 수성펜이나 잉크젯프린터로 옮길 수 있습니다. (사용법은 p.48 참조)

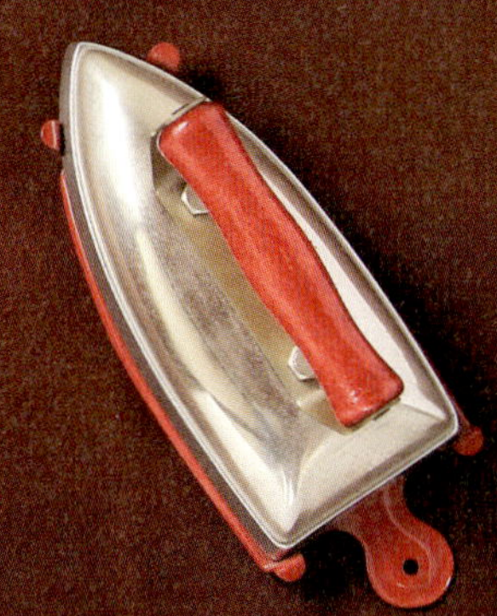

A.
B.
C.
D.
E.
F.
G.

A. 접착심지
얇은 천으로 작업할 때 겹쳐서 두께감을 주기 위해 사용합니다. 부직포도 가능.

B. 천
자수의 토대가 되는 천. 올이 너무 거칠지 않은 것, 늘어나지 않는 것이 다루기 쉽습니다.

C. 브로치 프레임
자수를 놓은 천을 판에 붙인 후, 뒤쪽에 브로치대를 답니다.

D. 손지갑 물림쇠
다양한 크기와 소재가 있습니다.

E. 퀼트심지
티포트매트 등의 속에 넣습니다.

F. 레이스, 폼폼테이프
자수와 조합하여 발랄하게도 클래식하게도 사용할 수 있는 레이스와 테이프 종류.

G. 25번 자수실
실을 사용하기 편한 길이인 60cm로 잘라서 사용합니다.

자수를 시작하기 전에 . . .

✿ 도안을 옮기는 법 [복사지의 경우]

1.
천 위에 복사지를 올린 후,
그 위에 투사지 등에 옮겨 그린
도안을 올립니다.
그 위에 또 셀로판을 올리고
트레이서로 도안을 따라
그립니다.

2.
초크펜으로 도안의 엷은
부분을 따라 그립니다.

[스마프리의 경우]

1. 스마프리에 도안을
옮겨 그립니다.

2. 수를 놓고 싶은 위치에
스마프리를 붙입니다.

3. 스마프리 위에다 자수를
놓습니다.

※ 수를 다 놓은 후,
미지근한 물에 5분 정도 담가서
스마프리를 녹여줍니다.

✿ 자수를 시작할 때

1. 도안의 중앙에서 겉에서
바늘을 넣어 2코 홈질로
꿰습니다.

2. 실 끝이 2cm정도 남도록
실을 당기고 한 땀분만큼
되돌아간 곳에 바늘을 넣습
니다.(이렇게 하면 실이 빠
지지 않습니다.)

3. 바깥에 나온 실 끝을 짧게
자릅니다. 위에서 새틴 S를
하면 눈에 덜 띄게 됩니다.

✿ 자수를 끝낼 때

1. 안쪽에 걸쳐져 있는 실에
두 번 통과시킵니다.

❀ 이 책의 수놓는 규칙

● 실은 지정된 것 이외는 2가닥으로 수놓습니다.

● 수놓는 법은 지정된 것 이외는 새틴 스티치입니다.

● 실을 끼우는 법

수를 잘못 놓았을 때 되돌릴 수 있도록
바늘이 빠질 수 있도록 실을 끼웁니다.

❀ 수놓는 법 페이지를 보는 방법

● 작품 제목

● 사용할 재료

● 실물크기
도안

투사지나
스마프리에
옮겨서
사용합니다.

● 수놓는 법의
원포인트

● 게재된 페이지

● 수놓는 순서와
사용한 실

게재된 색 번호는
코스모 자수실 25번입니다.

● 의 위치에서 자수 시작

● 스티치할 방향

이 그림은 확대하여
표시했습니다.

‖ 동물 브로치

● 올빼미

【천】 블루
【실】 흰색 (2500),
　　　검정색 (600)
【그 외】
지름 4cm의
금속 브로치프레임 1개

[실물 크기 도안]

photo>>p.34&35

‖━━━━ ▶ 브로치만드는 법 >>p.81

[스티치 하는 순서와 방향]

① 얼굴 (2500)
② 머리 (2500)
③ 날개 (2500)
④ 배 (2500)
⑤ 꼬리 (2500)
⑥ 나뭇가지와 잎 (600)
⑦ 눈과 부리 (600)

point

꽃잎은 먼저 흰색으로 수놓고
테두리는 위부터 연핑크(1가닥)
로 스트레이트 S를 수놓습니다.

note

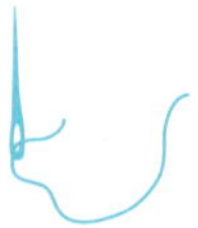

사용하기 좋은 천이란 가격과 비례하지 않습니다. 싸
고도 사용하기 편한 것이 있습니다. 포인트는 올이
촘촘하고 어느 정도 두께가 있는 것입니다. 면을 가
장 추천합니다. 가제처럼 얇은 것이나 올이 거친 리
넨은 수를 놓을 때 천에 주름이 생기기 쉽습니다.

● 수를 잘 놓기 위한 요령과 조언

【천】 라이트그레이
【실】 노란색 (300), 그레이 (154)

〈실물 크기 도안〉

〈수놓는 순서와 방향〉

① 열매 (300)

② 줄기 (154)

③ 잎 (154)

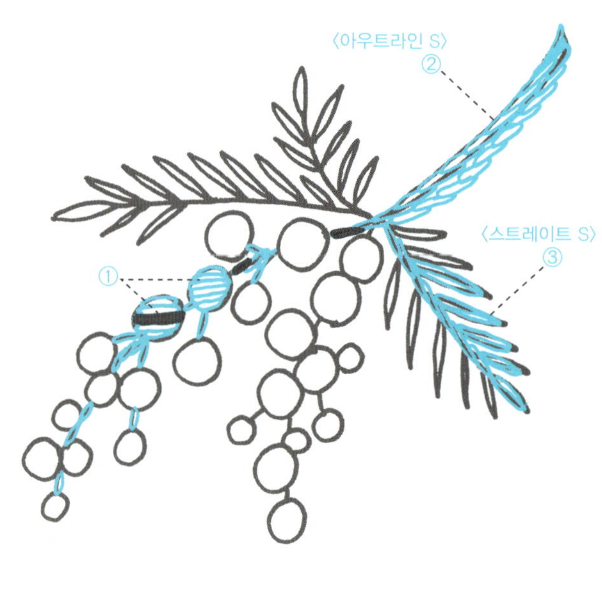

돛단배 photo>>p.8

【천】 흰색

【실】 블루 (374), 빨간색 (2343),
흰색 (2500), 차콜그레이 (895)

〈실물 크기 도안〉

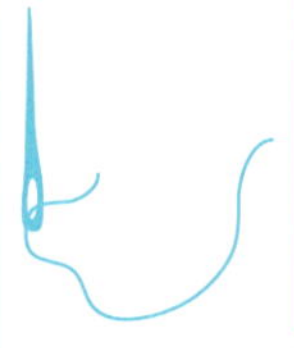

note

사용하기 좋은 천이란 가격과 비례하지 않습니다. 싸면서도 사용하기 편한 천이 있습니다. 포인트는 올이 촘촘하고 어느 정도 두께가 있는 것을 고르는 것입니다. 면을 가장 추천합니다. 가제처럼 얇은 것이나 올이 거친 리넨은 수를 놓을 때 천에 주름이 생기기 쉽습니다. 이런 천에 자수를 놓을 때는 스마프리를 사용하거나 접착심지나 부직포를 자수 천 밑에 겹쳐서 틀을 삼아 자수를 놓고, 완성되면 아래에 있는 접착심지만 잘라서 제거합니다.

▌ 제비　photo>>p.10

【천】 노란색

【실】 흰색 (2500), 감색 (166)

〈실물 크기 도안〉

▌

〈수놓는 순서와 방향〉

① 목 → 머리 → 꼬리 (166)

② 날개 (166)

③ 배 (2500)

④ 안쪽 날개 (166)

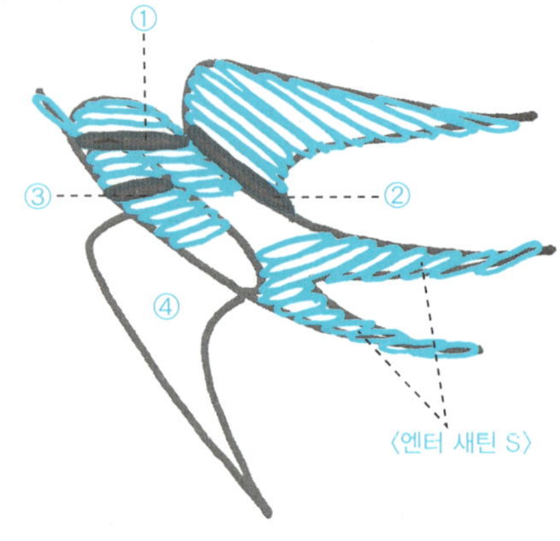

▌ 토끼풀　photo>>p.12

【천】 철감색

【실】 흰색 (2500), 블루 (374)

▌ 토끼풀 풀오버　photo>>p.26

【천】 노란색 마셔츠

【실】 미색 (151)

〈실물 크기 도안〉

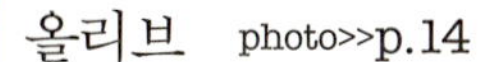

올리브 photo>>p.14

【천】 미색

【실】 녹색 (537)

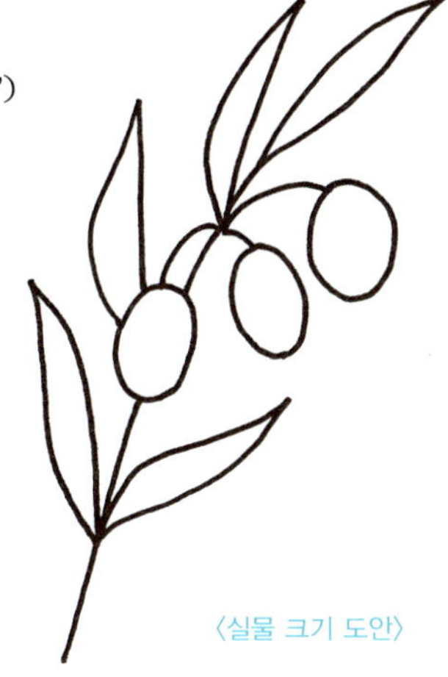

【천】 블루그레이

【실】 차콜그레이 (895),
연녹색 (681)

〈수놓는 순서와 방향〉

① 열매 (895)

② 줄기 (681)

③ 잎 (681)

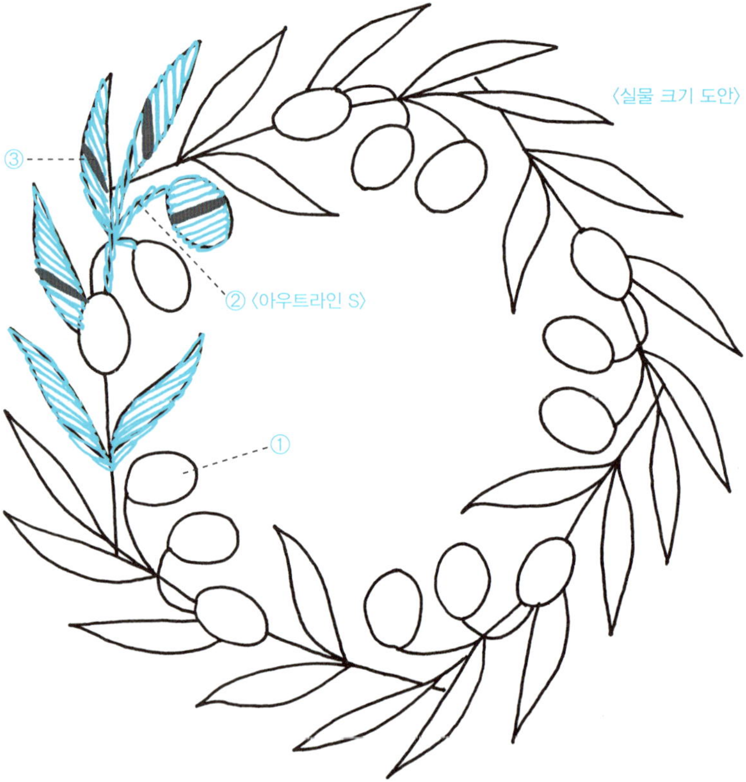

③

② 〈아우트라인 S〉

①

〈실물 크기 도안〉

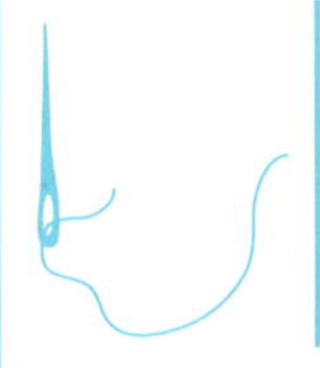

note

자수를 놓을 때 처음에는 생각한대로 형태가 되어 나올까 하는 불안감을 느낄 것입니다. 많은 도안을 만들어 온 저도 새로운 자수를 시작할 때면 언제나 그런 불안감에 휩싸이곤 합니다. 하지만 괜찮습니다. 3분의 2 정도가 완성되면 확실하게 형태가 나오니까요. 그런 불안은 자수를 놓을 때는 누구나 느끼는 것이니 안심하자고 생각하면서 수를 놓아가세요.

연속무늬의 색상 베리에이션   photo>>p.18

【천】 흰색

【실】 그레이 (154), 블루 (374),
　　 황록색 (269), 오렌지 (145)

● 1 색으로 수놓을 때 : 그레이 (154)

● 2 색으로 수놓을 때 : 그레이 (154), 블루 (374)

● 3 색으로 수놓을 때 : 블루 (374), 황록색 (269), 오렌지 (145)

〈실물 크기 도안〉

〈프렌치너트〉 2 번 감기

〈레이지데이지 S〉

꽃무늬 에이프런 스커트   photo>>p.27

【천】 감색 에이프런 스커트

【실】 미색 (980), 오렌지 (702)

※ 수놓는 순서와 방향은 p.65 참조

〈실물 크기 도안〉

(980)　　　(702)

이웃한 도안을 수놓는 법　photo>>p.19

● 사과꽃

【천】담청색

【실】황록색 (269), 연핑크 (481),
　　　흰색 (2500)

〈실물 크기 도안〉

〈수놓는 순서와 방향〉

① 꽃잎 (2500) (481)

② 꽃술 (269)

③ 잎 (269)

④ 꽃봉오리 (481)

point

꽃잎은 먼저 흰색으로 수놓고
테두리는 위부터 연핑크(1가닥)
로 스트레이트 S를 수놓습니다.

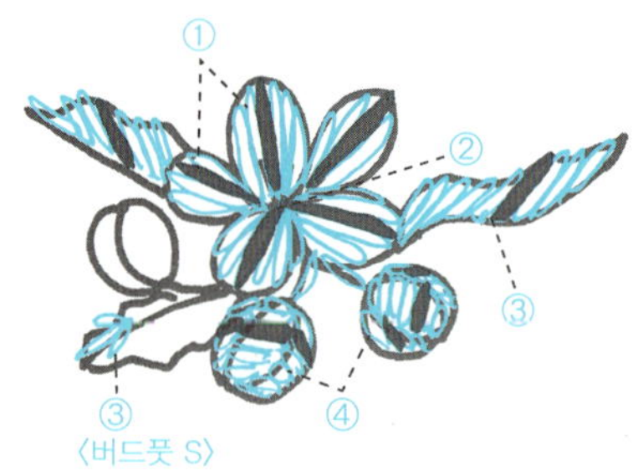

● 장미

【천】담청색

【실】그레이 (154), 흰색 (2500),
　　　녹색 (845)

〈실물 크기 도안〉

〈수놓는 순서와 방향〉

①～③ 꽃잎 (2500)

④ 가지 (154)

⑤ 잎 (845)

point

꽃잎은 중심에서 바깥을 향하
여 1장씩 수놓습니다.

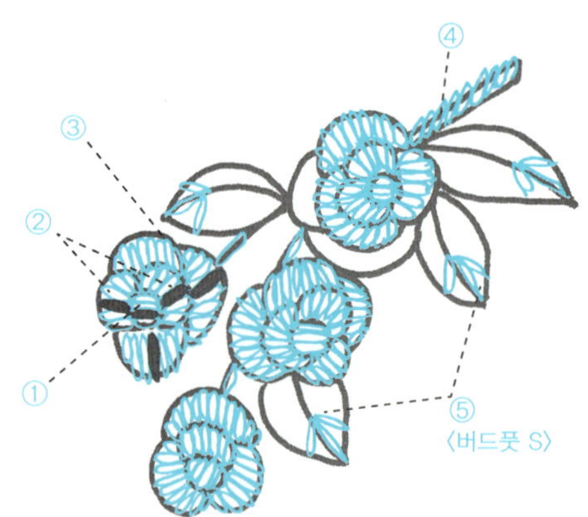

● 백조

【천】 그레이
【실】 감색 (167),
흰색 (299)

〈실물 크기 도안〉

〈수놓는 순서와 방향〉

① 머리 (167)

② 배 (167)

③ 왕관 (299)

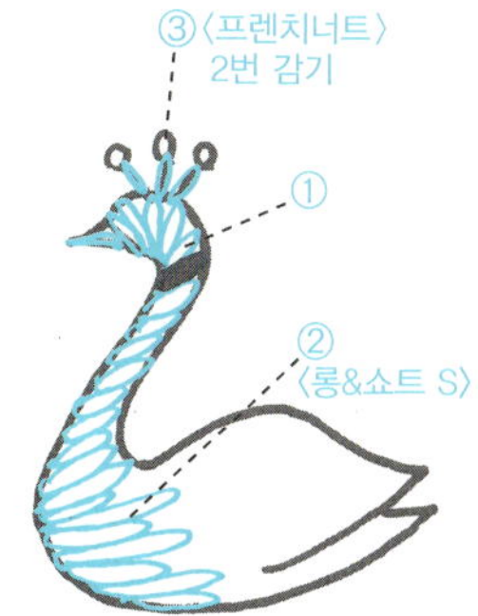

● 산양

【천】 그레이
【실】 흰색 (2500),
감색 (167)

〈실물 크기 도안〉

〈수놓는 순서와 방향〉

① 머리 (2500)

② 귀 (2500)

③ 뿔 (2500) (167)

④ 몸통 → 가까운 쪽 다리 (2500)

⑤ 안쪽 다리 (2500)

⑥ 발굽 (167)

⑦ 꼬리 (2500)

⑧ 눈 (167)

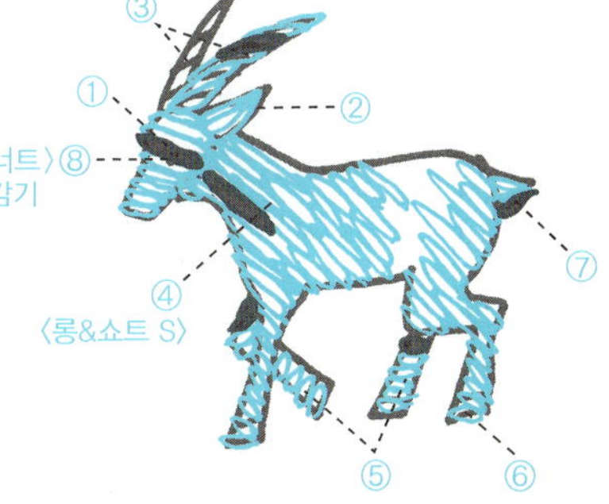

● 스컹크

【천】 그레이
【실】 흰색 (2500),
감색 (167)

〈실물 크기 도안〉

〈수놓는 순서와 방향〉

① 머리 (2500)

② 귀 (2500)

③ 꼬리 (2500)

④ 몸통 → 앞다리 → 뒷다리 (2500)

⑤ 등의 무늬 (167)

⑥ 눈과 코 (167)

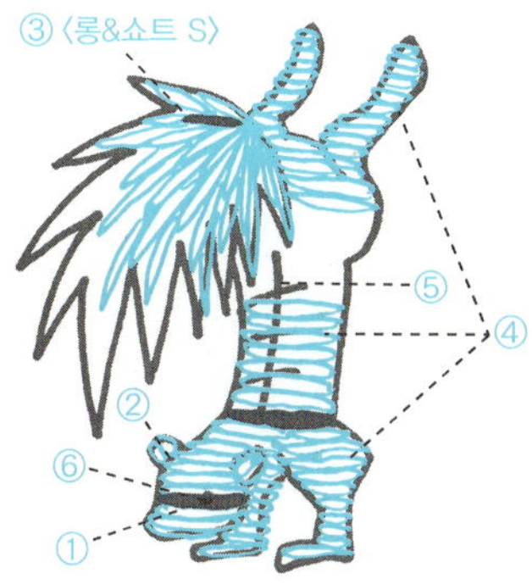

롱 & 쇼트 스티치　photo>>p.20

● 닥스훈트

【천】 그레이
【실】 흰색 (2500), 감색 (167)

〈실물 크기 도안〉

〈수놓는 순서와 방향〉

① 머리 → 몸통 → 가까운 쪽
　　다리 (2500)
② 안쪽 다리 (2500)
③ 안쪽 뒷다리 (2500)
④ 목줄 (167)
⑤ 눈과 코 (167)

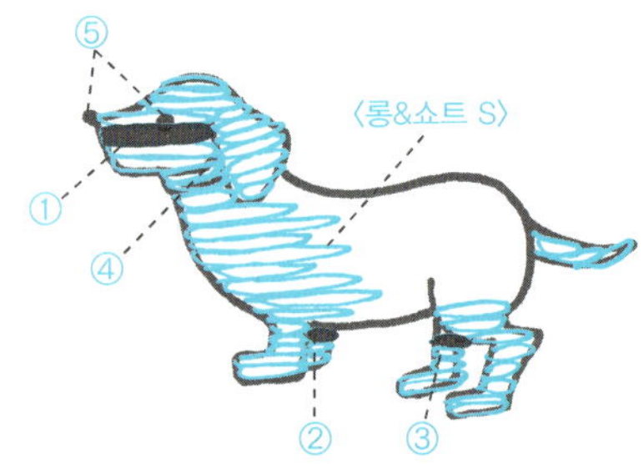

● 플라밍고

【천】 그레이
【실】 핑크 (115A)

〈실물 크기 도안〉

〈수놓는 순서와 방향〉

① 머리 → 몸통
② 다리

---

note

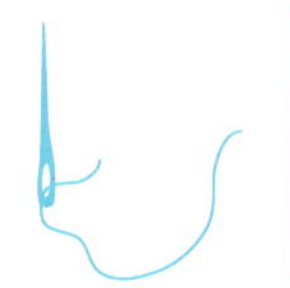

자수를 놓은 천은 세탁할 수 있습니다. 저는 옷에 브로치를 그대로 달아둔 채 무심코 세탁기를 돌린 적도 있습니다. 하지만 괜찮습니다. 깨끗해지기만 할 뿐 자수에는 지장이 없었어요. 단, 실도 자연이기 때문에 오랫동안 사용하면 보풀이 생기기도 합니다. 그럴 때는 가위로 표면의 보풀을 잘라내고 정리해주세요.

‖ 체인 스티치   photo>>p.21

● 집

【천】감색

【실】흰색 (2500), 핑크 (815), 블루 (164)

〈수놓는 순서와 방향〉

① 벽 (2500), 문 (815)

② 지붕 (164)

③ 굴뚝 (815)

④ 창문 (164)

⑤ 울타리 (815)

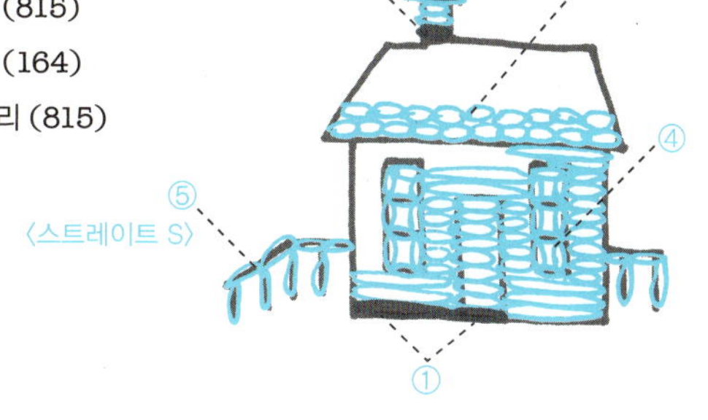

● 바구니

【천】감색

【실】흰색 (2500), 핑크 (815), 블루 (164)

〈수놓는 순서와 방향〉

① 바구니 (2500) (164)

② 사과와 병 (815) (164) (2500)

③ 손잡이 (2500)

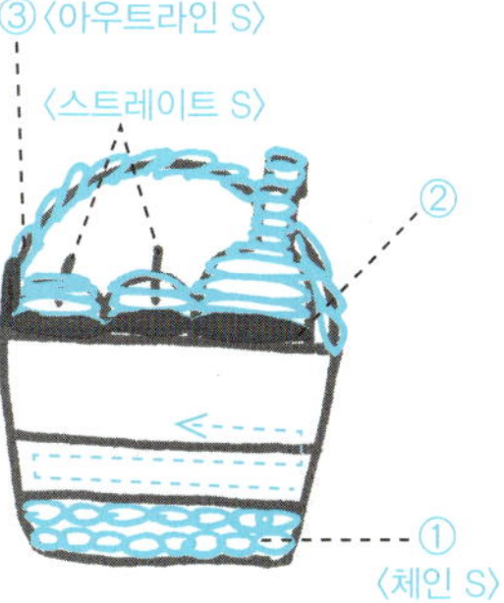

---

note

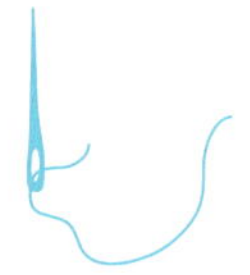

책의 샘플과 완벽하게 똑같이 만들려고 하면 지쳐버립니다. 물건을 사용하면서 책과 비교해보는 사람은 없으므로 약간은 선을 벗어난 것도 멋이 될 수 있습니다. 우연히 만들어진 선이 뜻밖에 귀여운 경우도 있답니다. 저도 같은 것을 2개째 만들 때는 100% 똑같이 만들지 못합니다. 기계처럼 찍어내듯 만드는 것은 어렵지요. 완성되어 가는 과정까지도 포함하여 나만의 멋으로 즐기면서 만들어보세요.

● 알파벳

【천】감색

【실】흰색 (2500), 핑크 (815), 블루 (164)

〈실물 크기 도안〉

〈수놓는 순서와 방향〉

① 문자 (2500)

② 꽃장식 (815) (164)

● 에펠탑

【천】감색

【실】흰색 (2500), 핑크 (815), 블루 (164)

〈수놓는 순서와 방향〉

① 에펠탑 (164)

② 리스 (2500)

③ 리본 (815)

④ 리스 장식 (815)

⑤ 첨탑 (164)

point

탑은 ①의 위치에서 시작하여 위에서 아래로 수놓고, 첨탑은 마지막에 수놓습니다.

〈실물 크기 도안〉

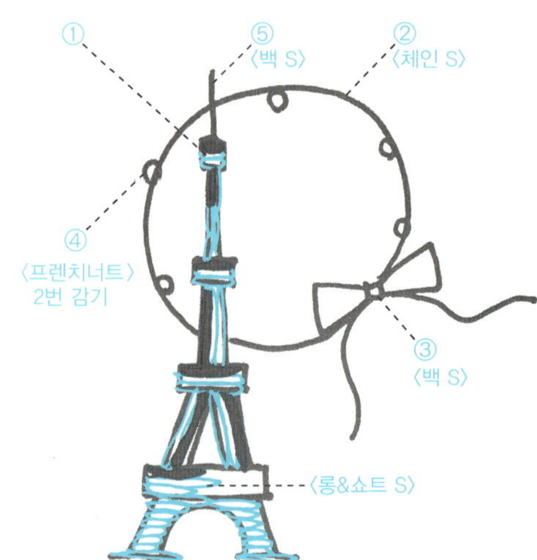

아네모네와 마거리트 photo>>p.22

【천】 라이트그레이
【실】 노란색 (269), 차콜그레이 (895)
【그 외】 끈, 퀼트심지, 재봉실

〈수놓는 순서와 방향〉
①~② 꽃잎 (269)
③ 수술과 꽃술 (895)
④ 줄기 (895)
⑤ 잎 (895)

〈실물 크기 도안〉

〈수놓는 순서와 방향〉
① 꽃잎 (269)
② 꽃술 (895)
③ 줄기 (895)
④ 잎 (895)

〈실물 크기 도안〉

아네모네 photo>>p.17

왼쪽 위	【천】 흰색	【실】 진핑크 (485A), 검정색 (600)
왼쪽 아래	【천】 라이트그레이	【실】 노란색 (701), 감색 (166)
오른쪽 위	【천】 청색	【실】 흰색 (2500), 검정색 (600)
오른쪽 아래	【천】 노란색	【실】 감색 (166), 흰색 (2500)

【천】 겉감 : 17cm×13cm 1장
　　　a : 라이트그레이　b : 흰색

　　　안감 : 17cm×13cm 1장
　　　a : 노란색　b : 녹색

【그 외】 퀼트심지 : 15cm×11cm 2장
　　　끈 : 10cm
　　　재봉실 : 적당량

1. 겉감에 자수를 놓는다.

a

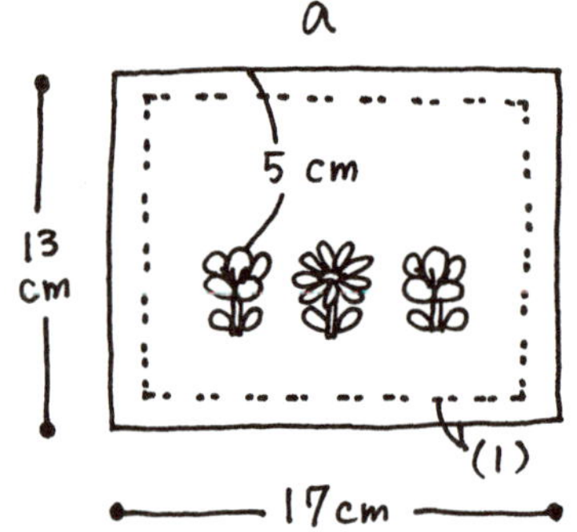

b

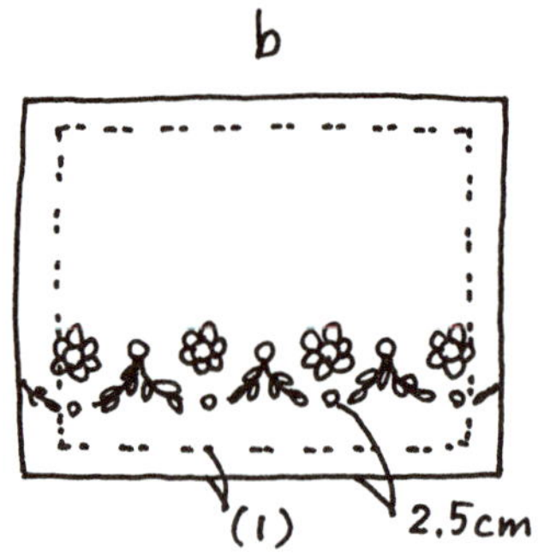

2. 겉감에 퀼트심지를 겹쳐놓은 후, 안감과 겉끼리 마주
　보게 맞추고 창구멍을 남기고 꿰맨다.

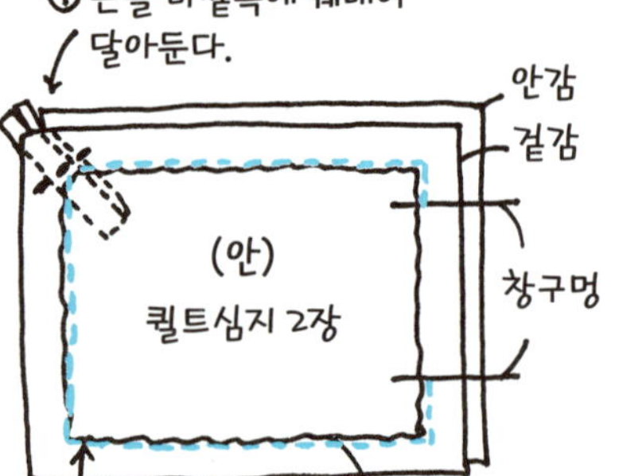

3. 겉으로 뒤집고 창구멍을 공그르기 한다.

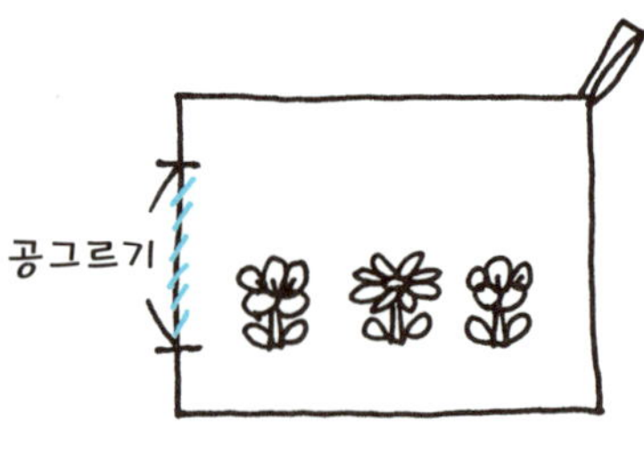

연속무늬 🌸 단일패턴　photo>>p.24

【천】 라이트그레이

【실】 청록색 (375), 라이트그레이 (521), 황록색 (269)

<수놓는 순서와 방향>

① 동그라미 (269)

② 라인 (521)

③ 잎 (521)

④ 꽃 (521) (375)

<실물 크기 도안>

테두리 장식을 넣은 수건　photo>>p.23

【천】 와플수건 : 흰색

【실】 블루 (164)

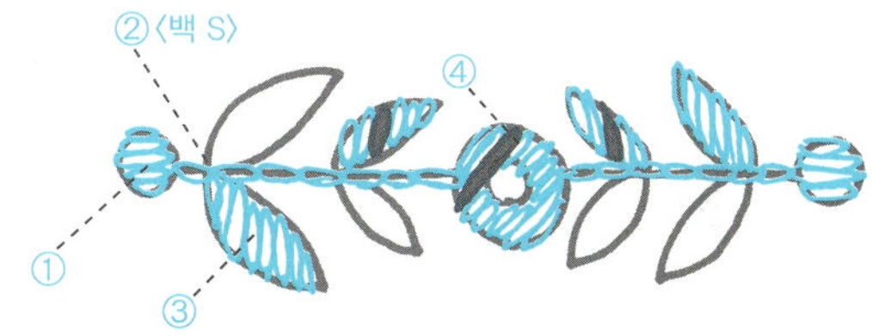

【천】 라이트그레이

【실】 청록색 (375), 라이트그레이 (521)

<수놓는 순서와 방향>

① 꽃잎 (521)

② 꽃술 (375)

③ 줄기 (375)

④ 잎 (375)

<실물 크기 도안>

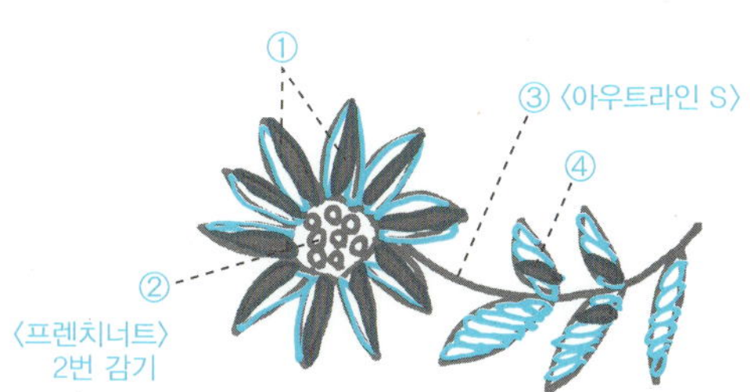

【천】 라이트그레이

【실】 라이트그레이 (521), 황록색 (269)

〈실물 크기 도안〉

〈수놓는 순서와 방향〉

① 줄기 (269)

② 잎 (269)

③ 꽃 (521)

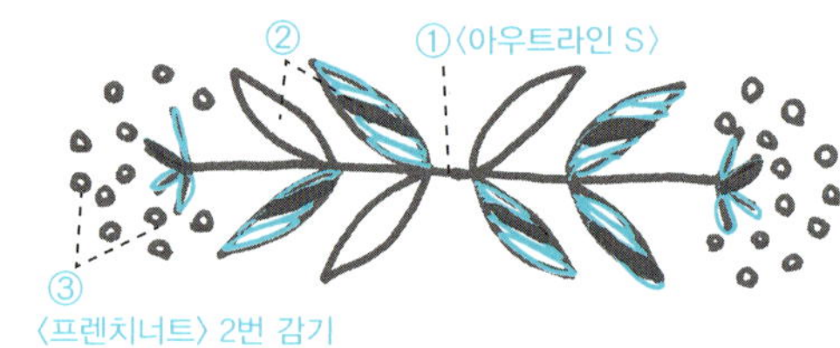

【천】 라이트그레이

【실】 청록색 (375), 라이트그레이 (521)

〈실물 크기 도안〉

〈수놓는 순서와 방향〉

① 동그라미 (375)

② 라인 (375)

③ 잎 (375) (521)

④ 꽃 (521) (375)

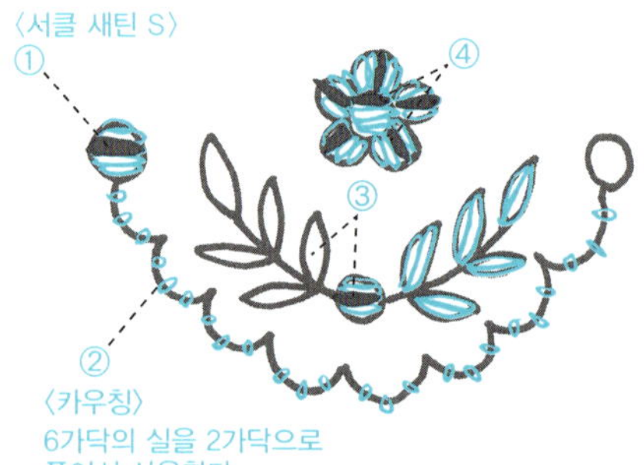

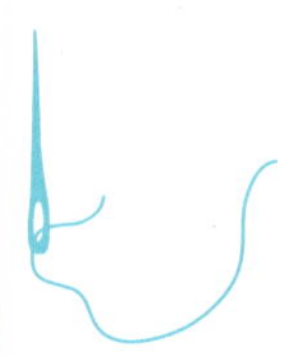

note

색을 고르는 요령은 색을 줄이는 것입니다. 같은 화면 속에 녹색을 사용해야 할 부분이 2곳이 있다고 예를 들어볼게요. 이럴 경우에 나무와 땅에서 올라오는 풀을 황록색과 녹색으로 각각 자수를 놓는 것보다는 같은 색으로 자수를 놓는 것이 더 예쁩니다. 팽팽하게 당겨서 봤을 때 색이 많은 것보다 적은 편이 정리되어 보이거든요. 한 장에 많은 자수를 놓을 때도 10~13색, 원포인트라면 1~5색으로 정하고 모자라는 색은 정한 색에서 조달해보세요. 더 세련되게 완성됩니다.

【천】 라이트그레이

【실】 청록색 (375),
　　 라이트그레이 (521),
　　 황록색 (269)

〈실물 크기 도안〉

연속무늬 티포트매트　photo>>p.25

티포트매트 만드는 법 >>p.62

【실】 빨강 (836), 담청색 (732), 블루 (525),
　　 녹색 (899), 연녹색 (897)

〈수놓는 순서와 방향〉

수놓는 방향은 p.64 참조

① 동그라미 (897)

② 라인 (899)

③ 잎 (525) (836)

④ 꽃 (732) (836)

▎버섯 북커버   photo>>p.28

● 버섯

【실】 연지색 (655),
　　　노란색 (771),
　　　연녹색 (681)

〈실물 크기 도안〉

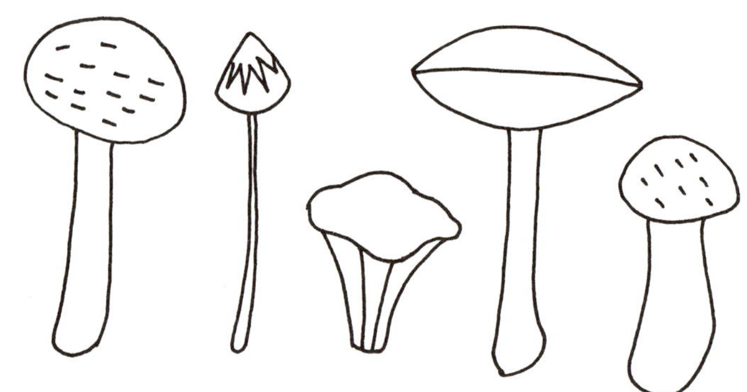

〈수놓는 순서와 방향〉

① 갓 (655) (771) (681)

② 대 (771) (681)

③ 무늬 (681)

※ 사진 참조

북커버 만드는 법　photo>>p.28

【천】겉감 : 감색 40cm × 20cm 1장

　　　안감 : 베이지 40cm × 20cm 1장

【그 외】리본 : 폭 2cm 짜리 20cm

　　　　재봉실 : 적당량

※ 커버를 씌울 책의 사이즈를 확인한 후에 만드세요.

---

1. 천을 겉감 1장, 안감 1장 자른다.

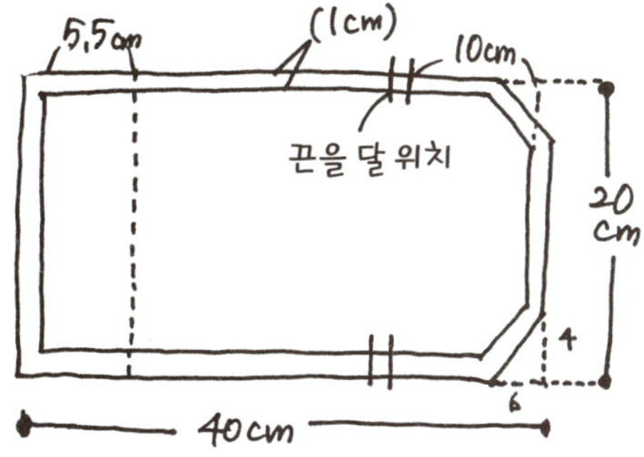

2. 자수를 놓고 리본을 꿰매어 단다.

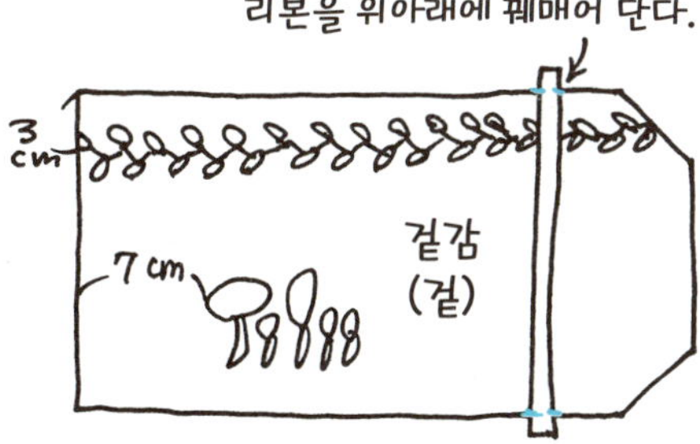

3. 겉끼리 마주 보게 겹치고 끝을 한쪽만 꿰맨다.

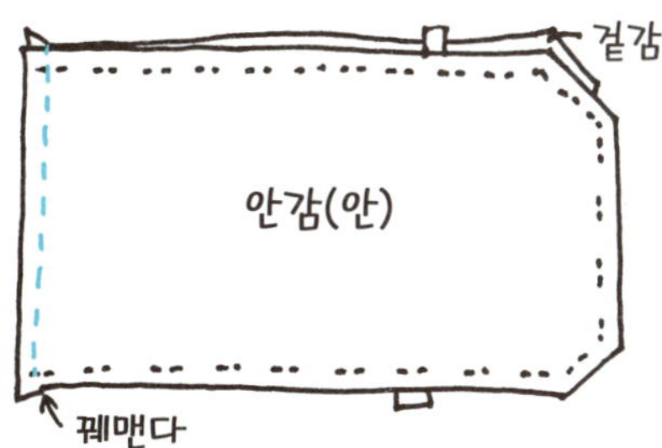

4. 그림처럼 안으로 집어넣어 접어주고
   창구멍을 남기고 주변을 꿰맨다.

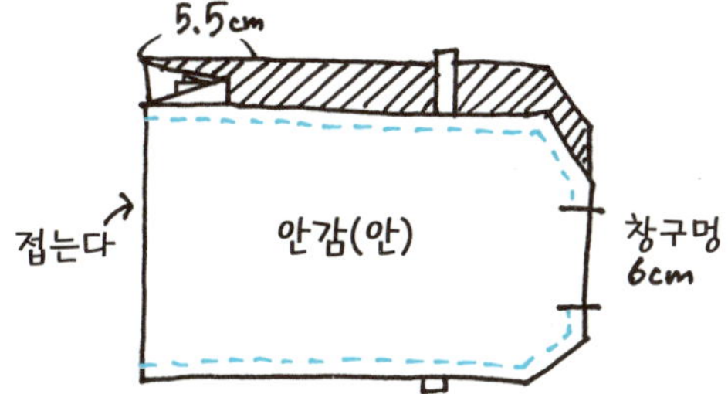

5. 겉으로 뒤집고 되접어 꺾인 부분은 겉감의 안쪽으로 접어
   넣는다. 창구멍을 감친다.

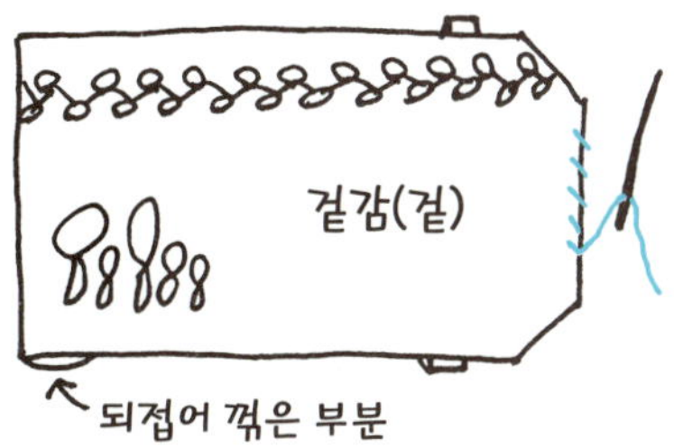

● 나비

【천】 미디엄그레이
【실】 연지색 (655), 흰색 (2500)

〈수놓는 순서와 방향〉

①~② 날개 (655)

③ 몸 (2500)

④ 더듬이 (2500)

● 티타임

【천】 미디엄그레이
【실】 노란색 (771), 흰색 (2500)

〈수놓는 순서와 방향〉

크림통과 컵

① 동그라미 (771)

② 몸체, 손잡이 (2500) (771)

③ 무늬 (771)

티포트

① 동그라미 (771)

② 몸체 (2500) (771)

③ 뚜껑 (771)

④ 주둥이 (2500)

⑤ 손잡이 (2500)

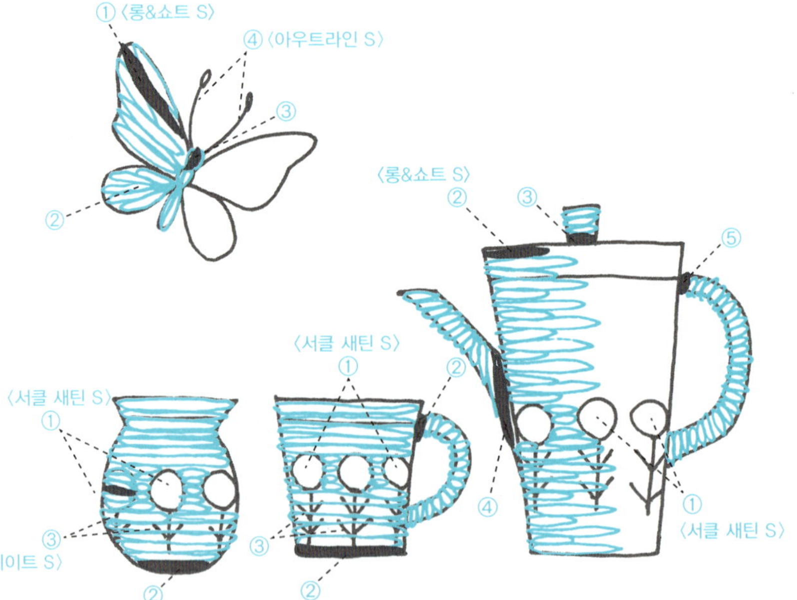

● 채소

【천】 미디엄그레이

【실】 노란색 (771),
연지색 (655),
차콜그레이 (476),
흰색 (2500),
카키색 (924)

양파

①~⑤ 열매 (771)

래디시

① 열매 (2500)

② 줄기 (476)

③ 잎 (476)

당근

① 열매 (655)

② 줄기 (924)

③ 잎 (924)

토마토

① 심 (771)

② 잎 (771)

③ 열매 (924)

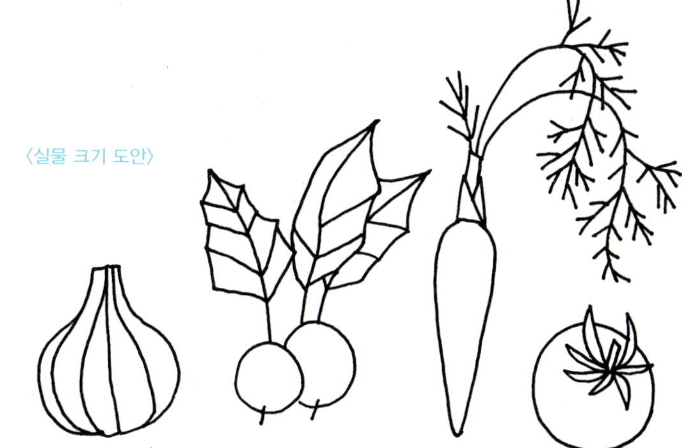

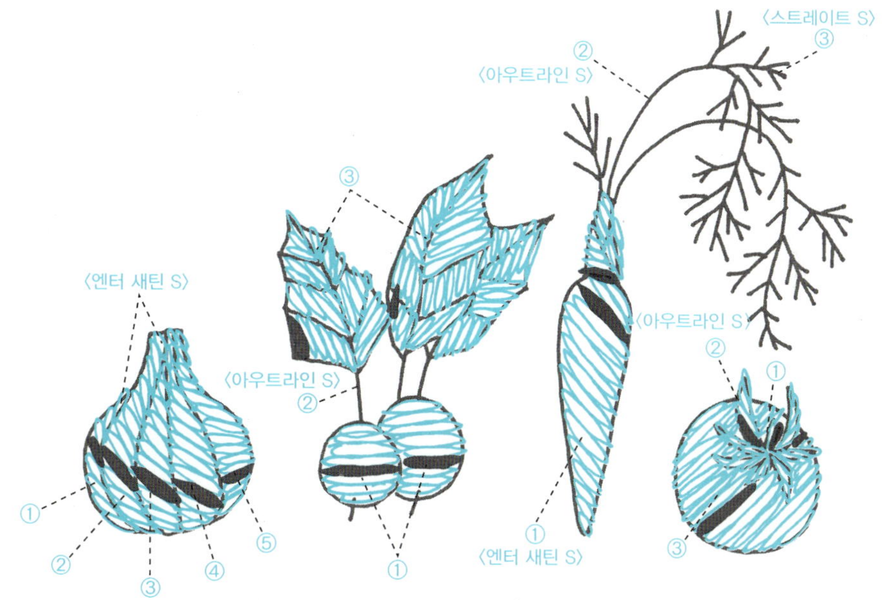

주방과 정원   photo>>p.29

● 수국

【천】 미디엄그레이

【실】 차콜그레이 (476), 흰색 (2500)

〈수놓는 순서와 방향〉

① 꽃잎 (2500)

② 꽃술 (476)

③ 줄기 (476)

④ 잎 (476)

〈실물 크기 도안〉

━● 사셰 만드는 법 >>p.72

● 카모마일

【천】 담청색
【실】 오프화이트 (364)

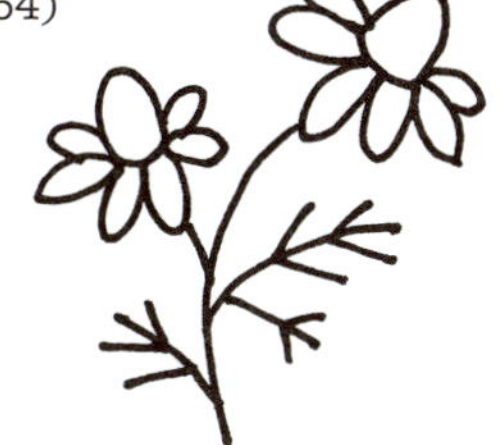

〈실물 크기 도안〉

〈수놓는 순서와 방향〉

① 꽃술
② 꽃잎
③ 줄기
④ 잎

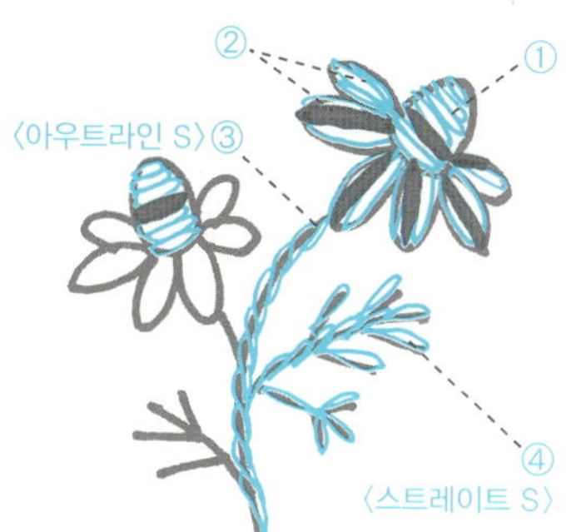

● 장미

【천】 담청색
【실】 오프화이트 (364)

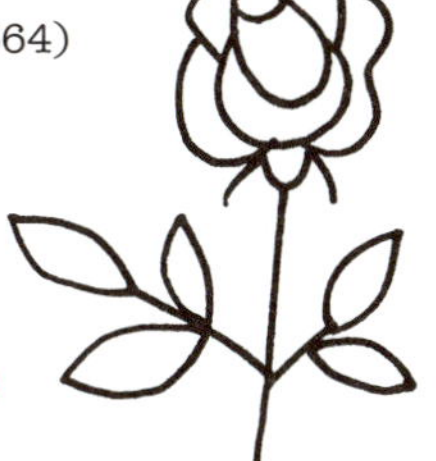

〈실물 크기 도안〉

〈수놓는 순서와 방향〉

①～⑨ 꽃
⑩ 줄기
⑪ 잎

point

꽃잎은 중심에서 바깥을 향해
1장씩 수놓습니다.

● 라벤더

【천】 담청색
【실】 오프화이트 (364)

〈실물 크기 도안〉

〈수놓는 순서와 방향〉

① 꽃
② 줄기
③ 잎

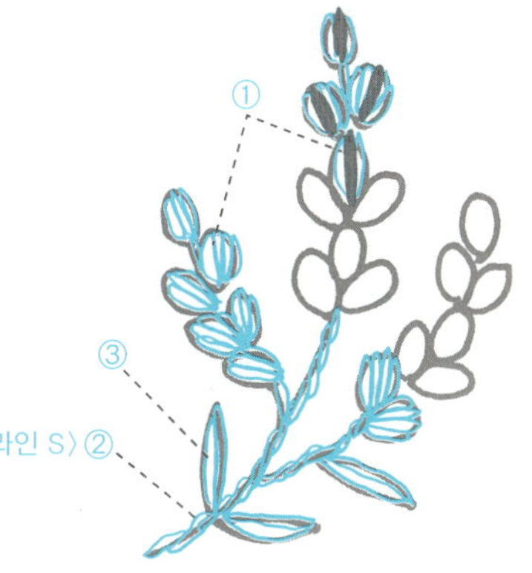

‖ 사셰 만드는 법   photo>>p.30

【천】 담청색 12cm × 34cm 1장
【그 외】 레이스 또는 리본 25cm 1줄
　　　　 포푸리 & 솜, 재봉실 : 적당량

1. 천에 자수를 놓는다 .

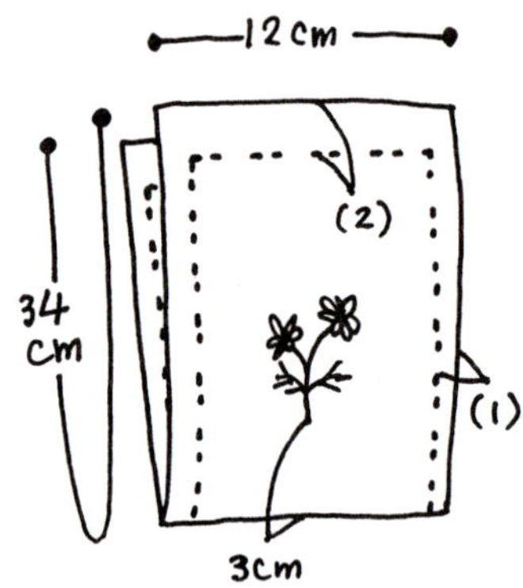

2. 겉끼리 맞대고 양끝을 꿰맨다 .

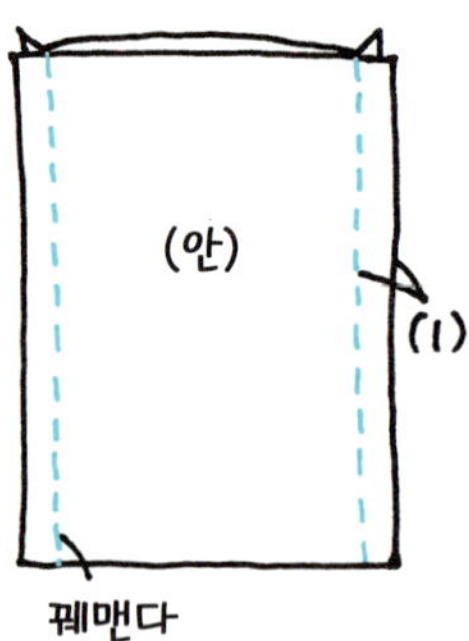

3. 입구를 접어서 감친다 .

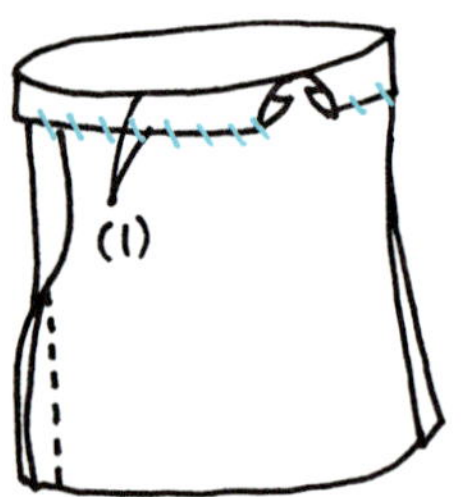

4. 겉으로 뒤집고 포프리와 솜을 넣은 후 ,
   레이스나 리본으로 입구를 묶는다 .

동전지갑 만드는 법 >>p.74

● 배꽃

【천】 베이지

【실】 담청색 (410A), 감색 (168)

〈수놓는 순서와 방향〉

① 꽃잎 (410A), 수술 (168)

② 가지 (168)

③ 잎 (168)

〈실물 크기 도안〉

● 할미꽃

【천】 라이트그린

【실】 보라색 (173), 감색 (168)

〈수놓는 순서와 방향〉

①～③ 꽃잎 (173)

④ 줄기 (168)

⑤ 잎 (168)

〈실물 크기 도안〉

동전지갑 만드는 법 photo>>p.31

【천】 겉감 : 10cm × 15cm 1장
　　　 안감 : 10cm × 15cm 1장
【그 외】 물림쇠 : 폭 8cm
　　　　 (물림쇠는 본이 붙어있는 것으로 사용)
　　　　 재봉실 : 적당량

【사이즈】 가로 8cm, 세로 12cm, 바닥 4cm

1. 물림쇠의 본을 사용하여 겉감 2장, 안감 2장을
   자르고 겉감 1장에 자수를 놓는다.

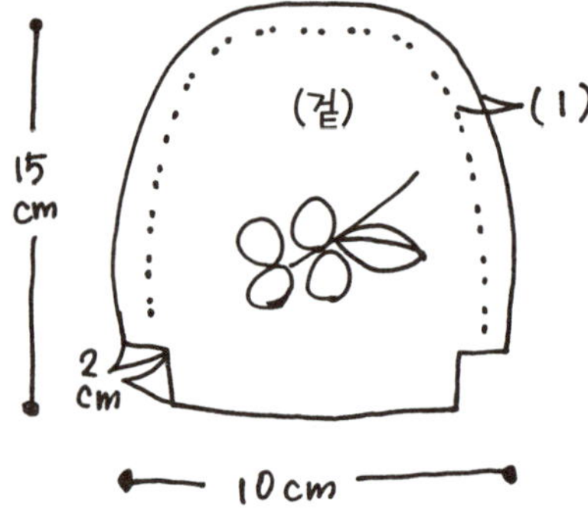

2. 겉감 두 장을 바깥쪽끼리 맞대게 놓고 창구멍을 남긴 후,
   양옆과 바닥을 꿰맨다. 바닥을 그림②처럼 접어서 꿰맨다.
   (안감도 같은 방법으로 꿰맨다)

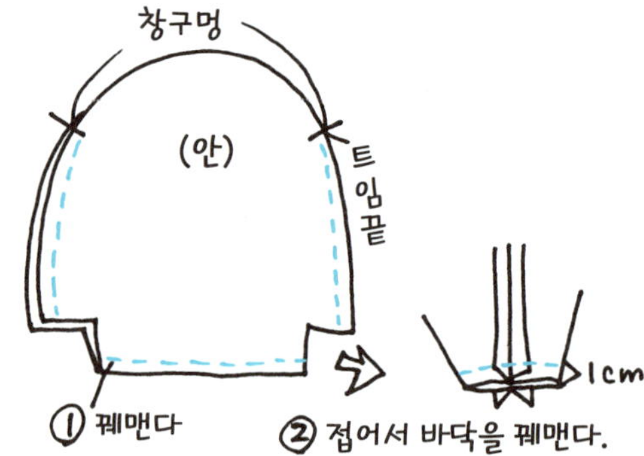

3. 겉감을 안끼리 마주 보게 뒤집고 속으로 안감을 넣어서
   각각 창구멍을 꿰맨다.

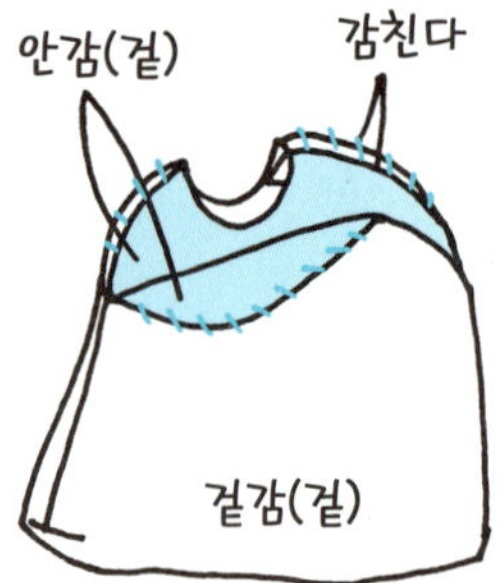

4. 창구멍을 감치고 본드를 발라 물림쇠에 송곳 등을
   이용하여 끼워 넣는다.

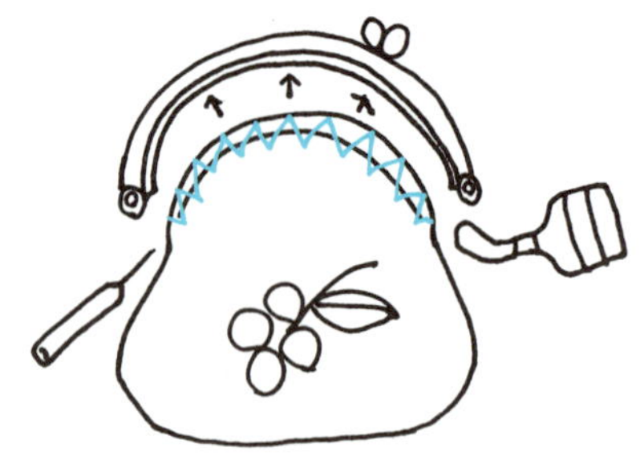

【천】 갈색
【실】 흰색 (100), 검정색 (600)

〈실물 크기 도안〉

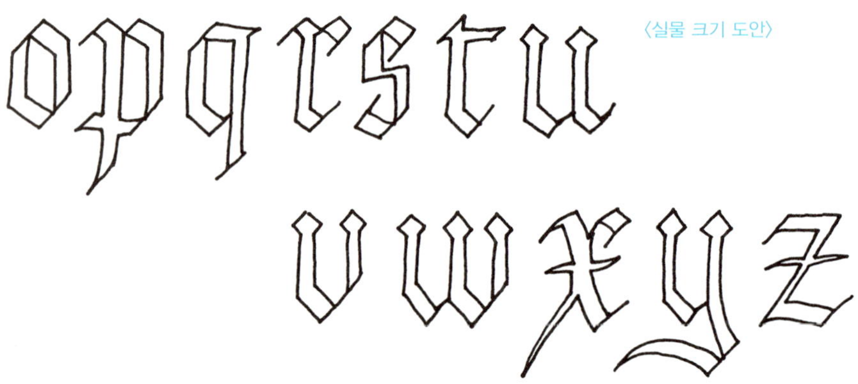

〈실물 크기 도안〉

〈백 S〉

〈실물 크기 도안〉

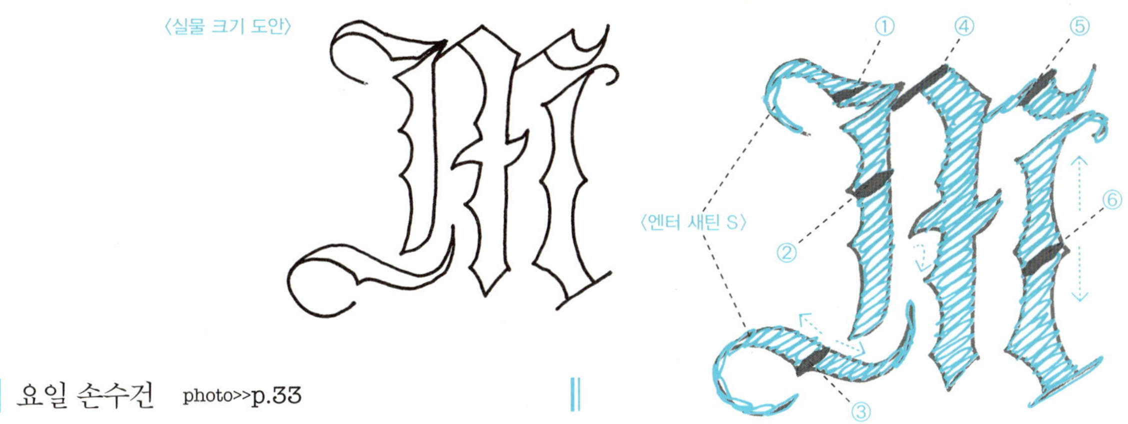

‖ 요일 손수건 photo>>p.33 ‖

【천】 그린, 옐로우, 네이비

【실】 흰색 (2500), 감색 (166), 검정색 (600)

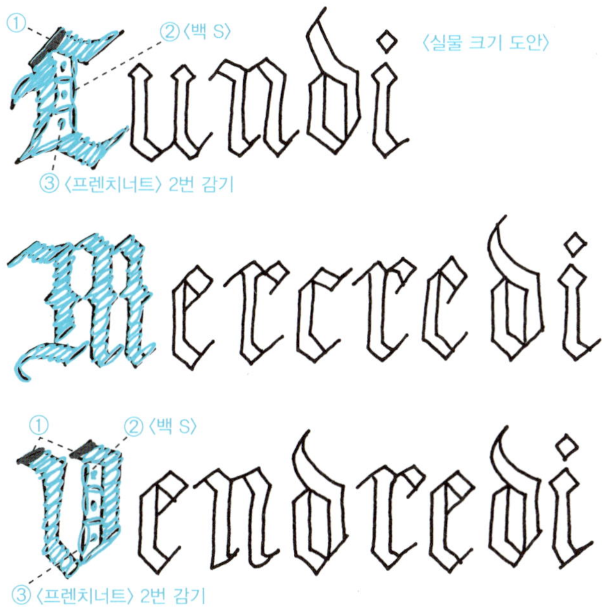

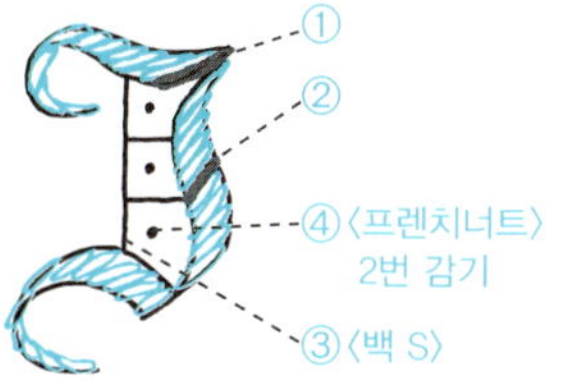

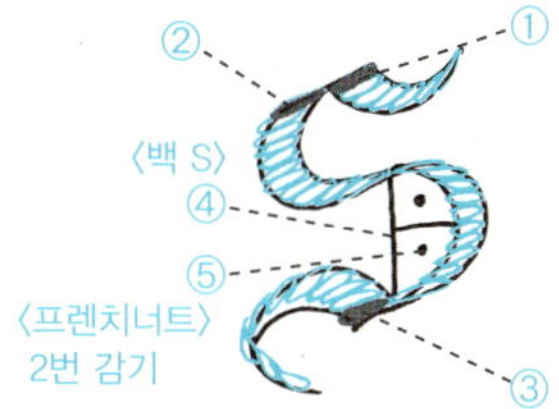

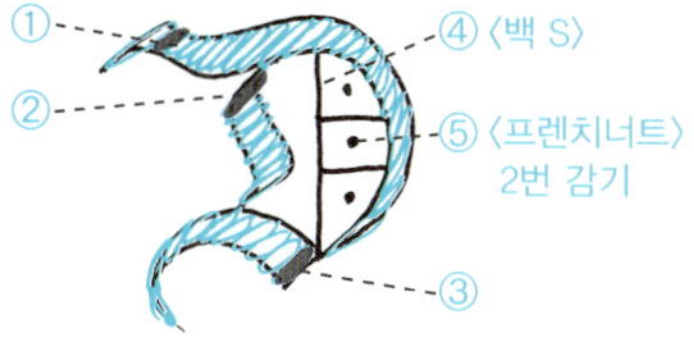

브로치 만드는 법 >>p.81

● 올빼미

【천】블루

【실】흰색 (2500),
　　　검정색 (600)

【그 외】
지름 4cm의
금속 브로치프레임 1개

〈실물 크기 도안〉

〈수놓는 순서와 방향〉

① 얼굴 (2500)

② 머리 (2500)

③ 날개 (2500)

④ 배 (2500)

⑤ 꼬리 (2500)

⑥ 나뭇가지와 잎 (600)

⑦ 눈과 부리 (600)

● 북극곰

【천】그린

【실】흰색 (2500),
　　　검정색 (600)

【그 외】
지름 4cm의
금속 브로치프레임 1개

〈실물 크기 도안〉

〈수놓는 순서와 방향〉

① 머리 → 몸통 → 가까운 쪽
　 다리 (2500)

② 안쪽 다리 (2500)

③ 눈과 귀와 코 (600)

● 고슴도치

【천】블루

【실】베이지 (367),
　　　검정색 (600)

【그 외】
지름 4cm의
금속 브로치프레임 1개

〈실물 크기 도안〉

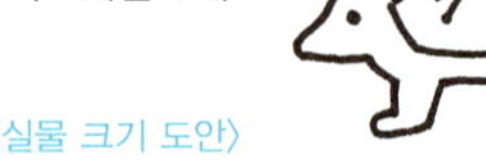

〈수놓는 순서와 방향〉

① 머리 → 몸통 → 다리 (367)

② 털 (367)

③ 눈 (600)

④ 무늬 (600)

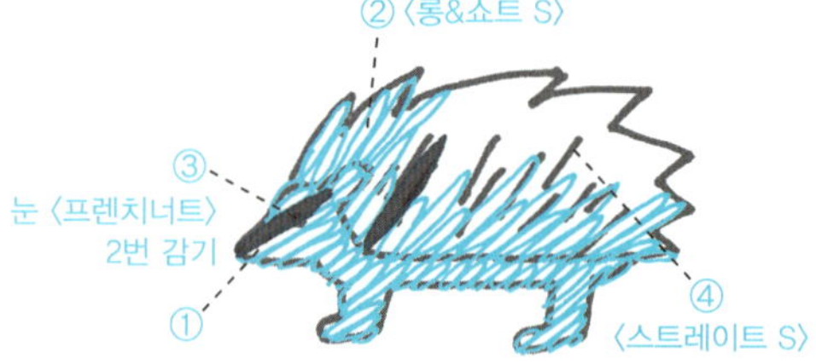

● 새끼염소

【천】 그린

【실】 흰색 (2500),
검정색 (600),
담청색 (412),
노란색 (300)

【그 외】
지름 4cm의
금속 브로치프레임 1개

〈실물 크기 도안〉

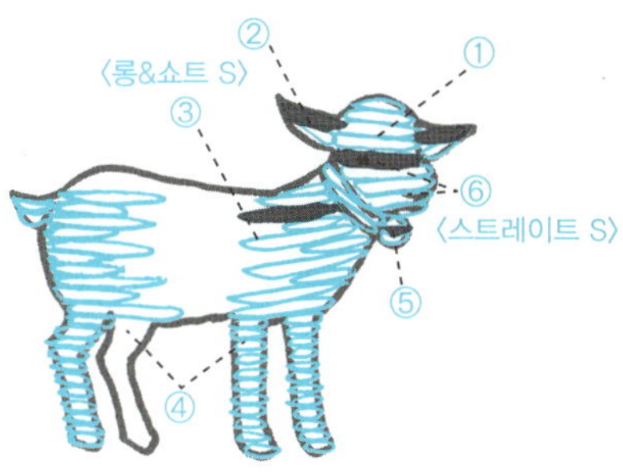

● 토끼

【천】 블루

【실】 베이지 (367),
흰색 (2500),
검정색 (600)

【그 외】
지름 4cm의
금속 브로치프레임 1개

〈실물 크기 도안〉

● 다람쥐

【천】 블루

【실】 베이지 (367),
검정색 (600)

【그 외】
지름 4cm의
금속 브로치프레임 1개

〈실물 크기 도안〉

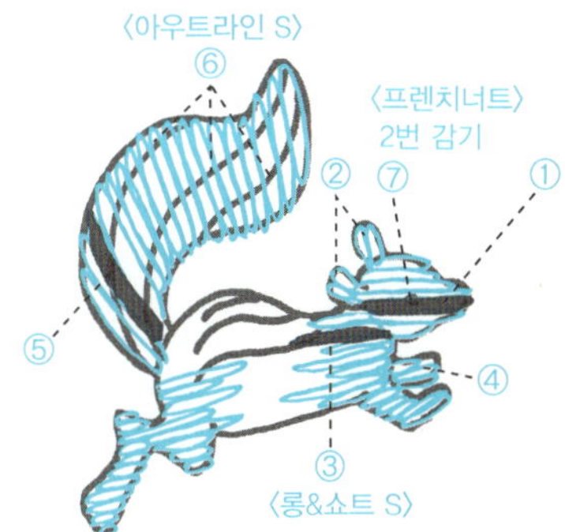

▌동물 브로치　photo>>p.34&35

● 펭귄

【천】 그린

【실】 흰색 (2500),
　　　검정색 (600)

【그 외】
지름 4cm의
금속 브로치프레임 1개

〈실물 크기 도안〉

〈수놓는 순서와 방향〉

① 얼굴 (2500)

② 머리 → 등 (600)

③ 부리 (600)

④ 배 (2500)

⑤ 꼬리 (600)

⑥ 발 (600)

⑦ 눈 (600)

● 고양이

【천】 그린

【실】 흰색 (2500),
　　　노란색 (300)

【그 외】
지름 4cm의
금속 브로치프레임 1개

〈실물 크기 도안〉

〈수놓는 순서와 방향〉

① 머리 (2500)

② 귀 (2500)

③ 몸통 (2500)

④ 꼬리 (2500)

⑤ 목줄 (300)

● 양

【천】 그린

【실】 흰색 (2500),
　　　검정색 (600)

【그 외】
지름 4cm의
금속 브로치프레임 1개

〈실물 크기 도안〉

〈수놓는 순서와 방향〉

① 머리 (600)

② 귀 (600)

③ 털 (2500)

④ 다리 (600)

● 작은새

【천】 블루

【실】 흰색 (2500),
　　　　검정색 (600),
　　　　베이지 (367)

【그 외】
지름 4cm의
금속 브로치프레임 1개

〈실물 크기 도안〉

〈수놓는 순서와 방향〉

① 머리 (367)

② 부리 (600)

③ 날개 (2500)

④ 꼬리 (367)

⑤ 다리 (600)

⑥ 눈 (600)

‖ 동전지갑 만드는 법　photo>>p.34 ~ 36　　　　● 도안 >>p.78 ~ 83

1. 시접 부분을 홈질한다.

2. 브로치 금속판을 감싸고 팽팽히 당긴다.

3. 별 모양으로 바짝 조여서 끝매듭을 한다.

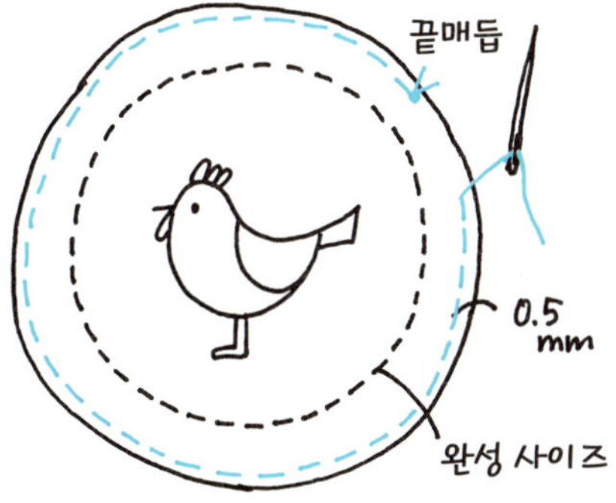

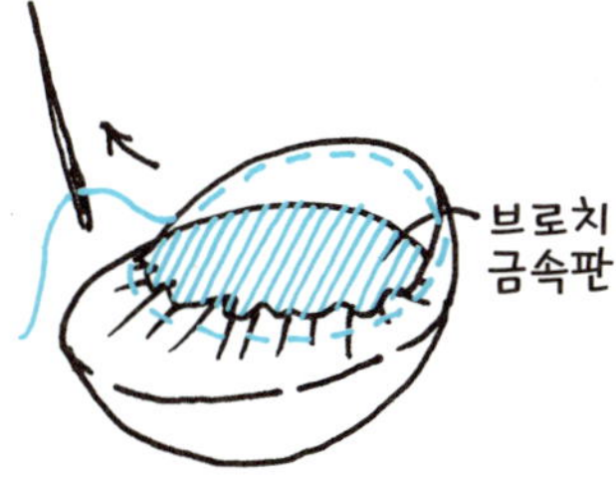

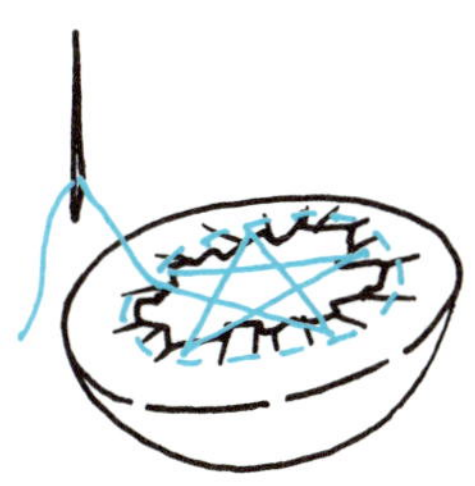

4. 브로치프레임에 접착제를 붙인다.

5. 마스킹테이프로 고정시켜서 말린다.

나무틀 브로치 　photo>>p.36

● 나무열매

【천】 빨강
【실】 흰색 (2500)
【그 외】
지름 4.5cm의
나무틀 브로치프레임 1개

〈실물 크기 도안〉

〈수놓는 순서와 방향〉

① 열매
② 줄기
③ 잎

➔ 브로치 만드는 법 >>p.81

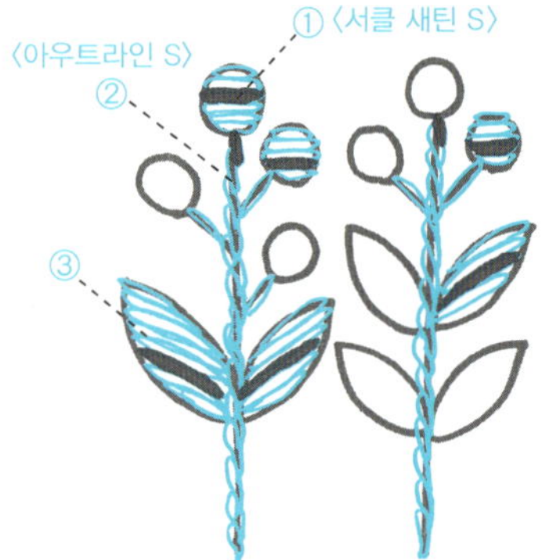

● 카르다몸

【천】 빨강
【실】 흰색 (2500),
　　　겨자색 (2702)
【그 외】
지름 4.5cm의
나무틀 브로치프레임 1개

〈실물 크기 도안〉

〈수놓는 순서와 반향〉

① 꽃잎 (2500)
② 꽃술 (2702)
③ 줄기 (2500)
④ 잎 (2500)

● 머틀

【천】 빨강
【실】 흰색 (2500)
【그 외】
지름 4.5cm의
나무틀 브로치프레임 1개

〈실물 크기 도안〉

〈수놓는 순서와 방향〉

① 꽃잎
② 수술
③ 줄기
④ 잎

● 닭

【천】 빨강

【실】 흰색 (2500), 겨자색 (2702)

【그 외】
지름 4.5cm의 나무틀
브로치프레임 1개

〈실물 크기 도안〉

● 목조주택

【천】 빨강

【실】 흰색 (2500), 겨자색 (2702)

【그 외】
지름 4.5cm의 나무틀
브로치프레임 1개

〈실물 크기 도안〉

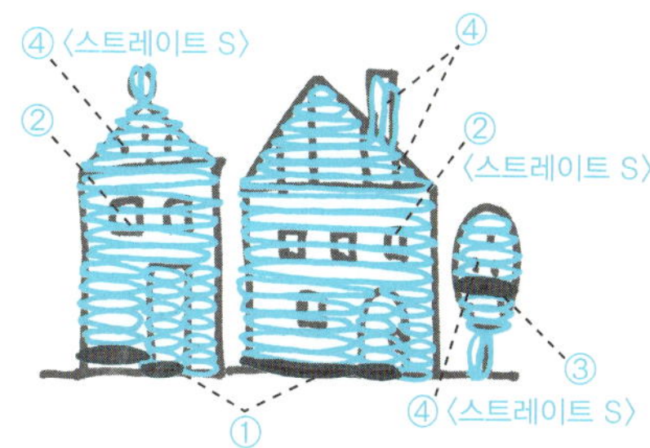

---

note

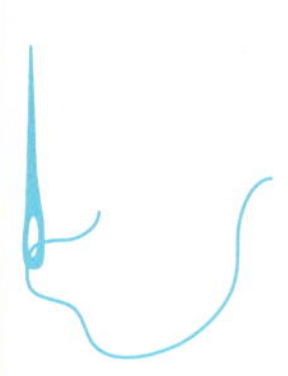

자수 레벨은 겉보기와는 완전히 다르답니다. 겉보기에는 단색이고 간단해 보이는 것도 의외로 어려울 때가 있습니다. 대략적으로 순서를 매긴다면 가장 간단한 것은 식물이에요. 약간 구부러지게 수를 놓았어도 꽃과 잎이 있으면 원래 그런 것처럼 보이거든요. 두번째는 건물이나 탈 것 등 동그라미, 세모, 네모로 구성되어있는 도안. 끈기만 있으면 완성할 수 있지요. 세번째가 인물. 네번째가 벌거숭이 동물. 동물도 옷을 입고 있으면 인물과 같은 방법으로 수를 놓습니다. 하지만 벌거숭이 동물은 곡선 자수가 어렵게 느껴지실 거예요. 동물을 자수로 놓고 싶을 때는 식물처럼 상대적으로 쉬운 작품으로 연습한 후에 도전해보세요.

회전목마 주머니 photo>>p.37

● 회전목마

【실】 빨강 (2241),
그러데이션 (8070),
베이지 (890),
차콜그레이 (895)

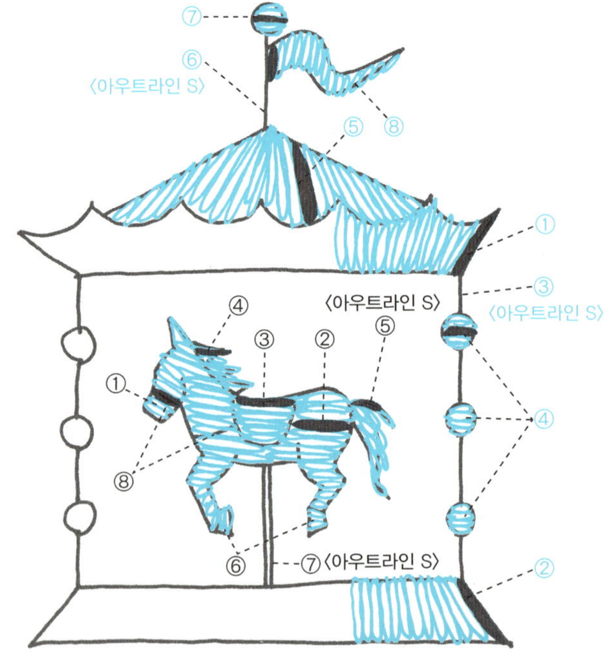

주머니 만드는 법   photo>>p.37

【천】 흰색 : 49cm × 23cm 1장

【그 외】 패브릭테이프 : 폭 2cm짜리 23cm × 2줄
        끈 : 50cm × 2줄
        재봉실 : 적당량

1. 천에 자수를 놓는다 .

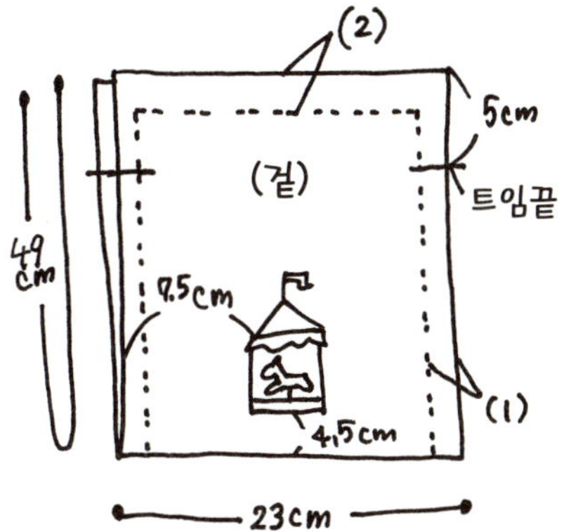

2. 겉끼리 마주 보게 접고 양 끝을 꿰맨다 .
시접에 지그재그 미싱을 한다 .

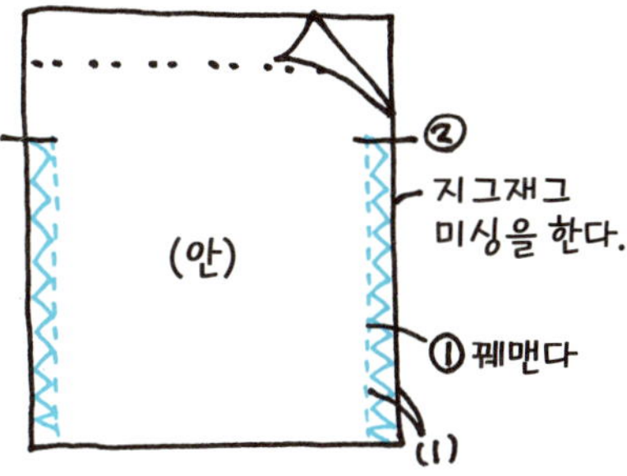

3. 트임끝의 둘레를 꿰맨다 .

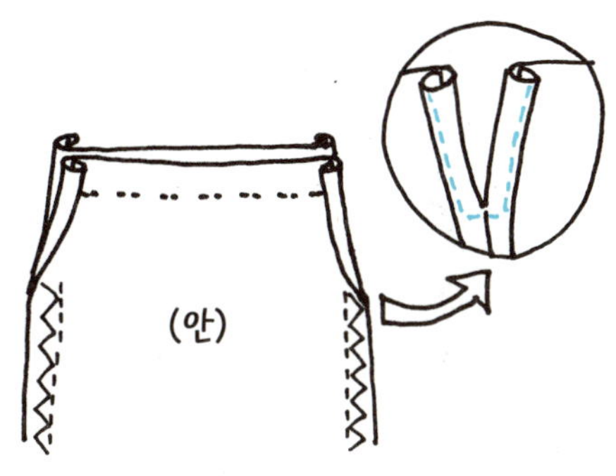

4. 패브릭테이프(끈을 끼울 곳)를 달고 입구를
접어서 꿰맨다. 끈을 통과시킨다.

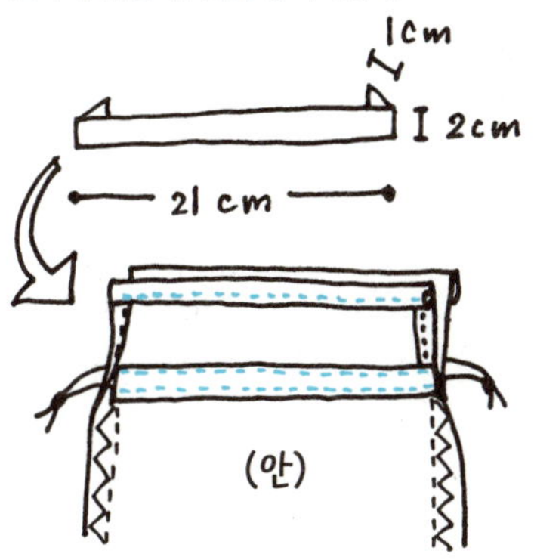

● 기범선

【천】 그레이

【실】 블루 (163),
　　　녹색 (846),
　　　노란색 (701)

〈실물 크기 도안〉

〈수놓는 순서와 방향〉

① ~ ② 선체 (163) (846)

③ 굴뚝 (163) (846)

④ ~ ⑥ 돛 (163) (846)

⑦ 깃발 (846)

⑧ 장식 & 깃대 (846) (701)

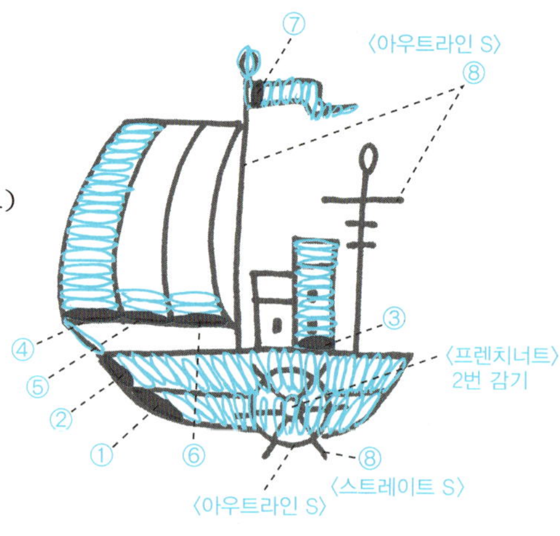

● 클래식카

【천】 그레이

【실】 블루 (163),
　　　녹색 (846),
　　　노란색 (701)

〈실물 크기 도안〉

〈수놓는 순서와 방향〉

① 타이어 (701) (163)

② 앞쪽 차체 (846)

③ 문 (163)

④ 뒤쪽 차체 (846)

⑤ 보닛 (846)

⑥ 라이트, 핸들 (701)

⑦ 프론트그릴 (163)

⑧ 사이드 (846)

⑨ 지붕 (846)

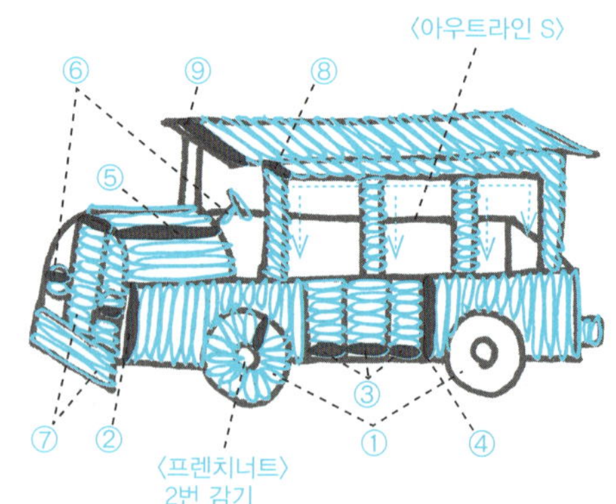

● 전투기

【천】 그레이

【실】 흰색 (2500),
　　 빨간색 (2343),
　　 연녹색 (897)

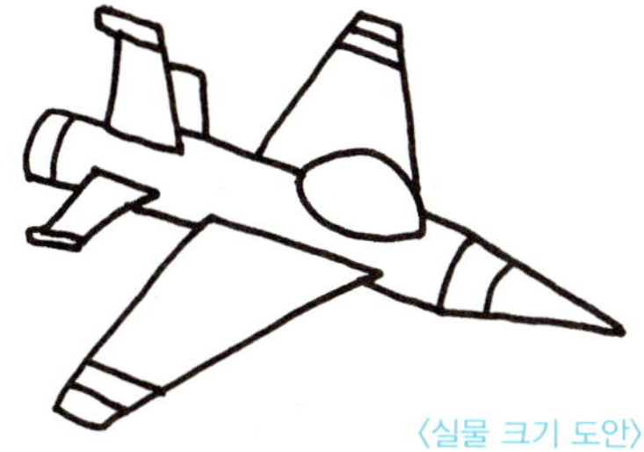

〈수놓는 순서와 방향〉

① 조종실 (897)

②~⑤ 기체 (2500) (897) (2343)

⑥ 꼬리날개 (897) (2343)

⑦ 주날개 (2500) (897) (2343)

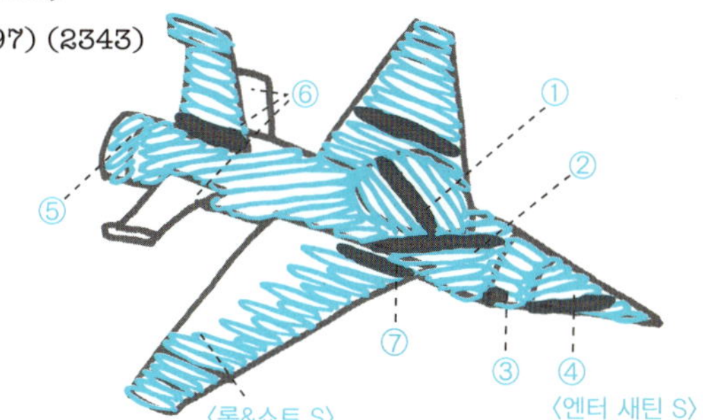

● 열기구

【천】 그레이

【실】 블루 (163),
　　 녹색 (846),
　　 노란색 (701)

〈수놓는 순서와 방향〉

① 열기구 무늬 (701)

②~④ 풍선 (846)

⑤ 밧줄 (846)

⑥ 곤돌라 (846)

⑦ 곤돌라 무늬 (163)

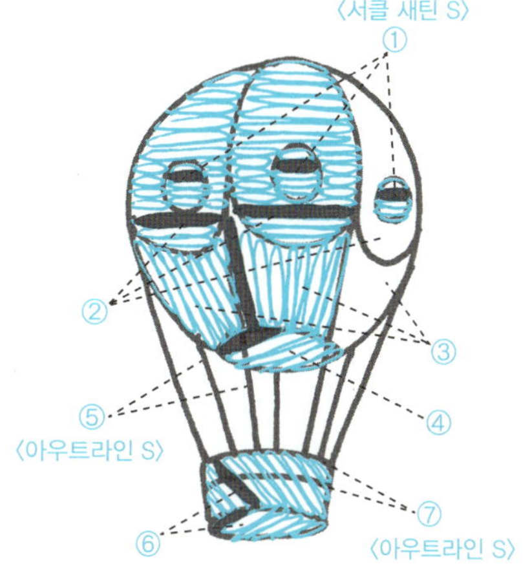

● 집과 정원

【천】 그레이

【실】 흰색 (2500),
　　　빨간색 (2343),
　　　연녹색 (897)

〈실물 크기 도안〉

〈수놓는 순서와 방향〉

① 벽, 문, 창문 (897) (2500)

② 지붕 (2500)

③ 굴뚝 (2343)

④ 나무줄기 (2500)

⑤ 잎 (897)

⑥ 울타리 (2343)

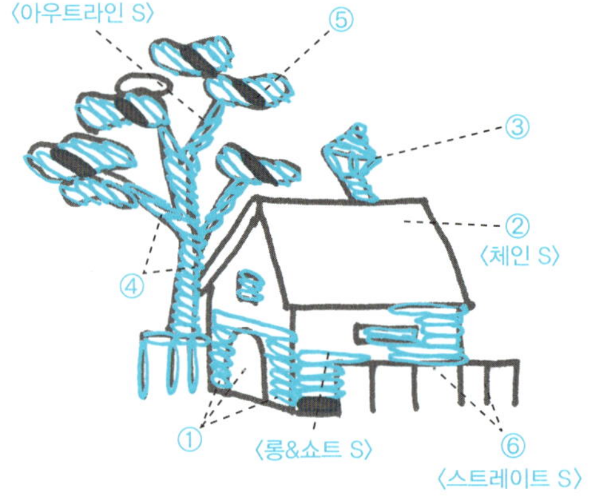

● 기차

【천】 그레이

【실】 흰색 (2500),
　　　빨간색 (2343),
　　　연녹색 (897)

〈수놓는 순서와 방향〉

① 바퀴 (897)

② 차체 (2500) (2343)

③ 굴뚝 외 (2500) (897)

〈실물 크기 도안〉

● 나비

【천】 담청색

【실】 청록색 (564), 오프화이트 (100)

〈수놓는 순서와 방향〉

① ~ ② 날개 (100)

③ 몸, 더듬이 (564)

● 마거리트

【천】 담청색

【실】 청록색 (564), 오렌지 (145),
오프화이트 (100)

〈수놓는 순서와 방향〉

① 꽃술 (145)

② 꽃잎 (100)

③ 줄기 (564)

④ 잎 (564)

● 라푼젤

【천】 담청색

【실】 청록색 (564), 노란색 (700), 오렌지 (145),
청색 (414A), 오프화이트 (100),
연한 오렌지 (341)

〈수놓는 순서와 방향〉

① 얼굴 (341)

② 머리장식 (145)

③ 어깨와 팔 (100) (341)

④ 머리카락 (700)

⑤ 드레스 장식 (414A)

⑥ 드레스 (100)

⑦ 발 (341)

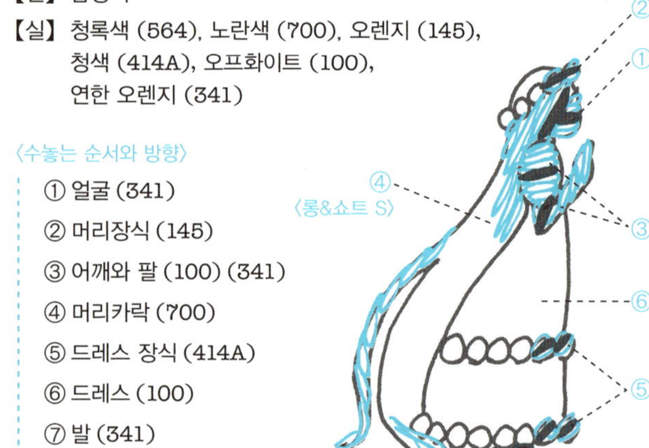

● 종려나무

【천】 담청색

【실】 청록색 (564), 노란색 (700)

〈수놓는 순서와 방향〉

① 열매 (700)

② 잎 (564)

③ 가지 (564)

● 뱀무

【천】 담청색
【실】 청록색 (564), 노란색 (700),
　　　오프화이트 (100)

〈수놓는 순서와 방향〉

① 꽃술 (700)
② 꽃잎 (100)
③ 줄기 (564)
④ 잎 (564)

● 나무

【천】 노란색
【실】 청록색 (564),
　　　오렌지 (145)

〈수놓는 순서와 방향〉

① 잎 (564)
② 줄기 (145)

라푼젤의 나무는
이 수놓는 법을
참조해서 p.89의
도안으로 수놓습니다.

● 탑

【천】 담청색
【실】 청록색 (564), 노란색 (700),
　　　오렌지 (145),
　　　오프화이트 (100)

〈수놓는 순서와 방향〉

①②④ 벽 (100)
③ 문 (564)
⑤ 지붕 (700) (145)
⑥ 창문 (564)
⑦ 나무 (564) (700)

⑤ 〈체인 S〉
④
〈롱&쇼트 S〉
⑦
⑥
〈아우트라인 S〉

〈오른쪽 상단의 〈나무〉 참조〉　①　③　②

〈실물 크기 도안〉

● 고양이

【천】 노란색

【실】 청록색 (564), 노란색 (300),
　　　오렌지 (145), 옅은 담청색 (410A),
　　　검정색 (600)

〈수놓는 순서와 방향〉

① 얼굴 (410A)

② 귀 (410A)

③～⑤ 모자 (564) (145)

⑥⑦ 옷
　　　(564) (145)

⑧⑨ 자루 , 망토
　　　(564) (300)

⑩ 손 (410A)

⑪⑫ 다리 (410A)

⑬⑭ 장화 (145)

⑮ 눈과 입 (600)

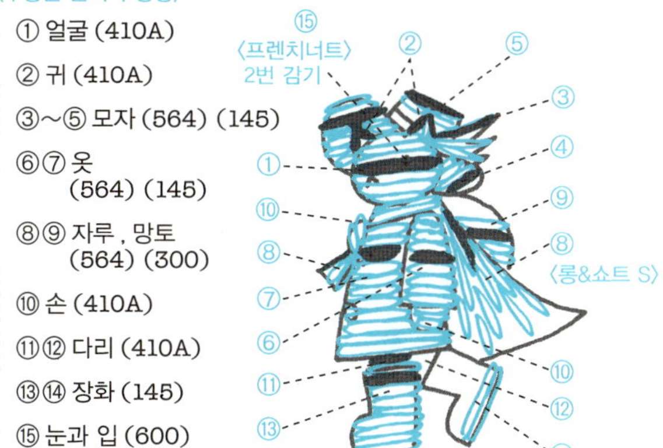

● 새

【천】 노란색

【실】 청록색 (564), 옅은 담청색 (410A),
　　　오렌지 (145)

〈수놓는 순서와 방향〉

① 머리 → 날개 → 꼬리
　　　(564)

② 안쪽 날개 (564)

③ 배 (410A)

④ 눈과 부리
　　　(145) (410A)

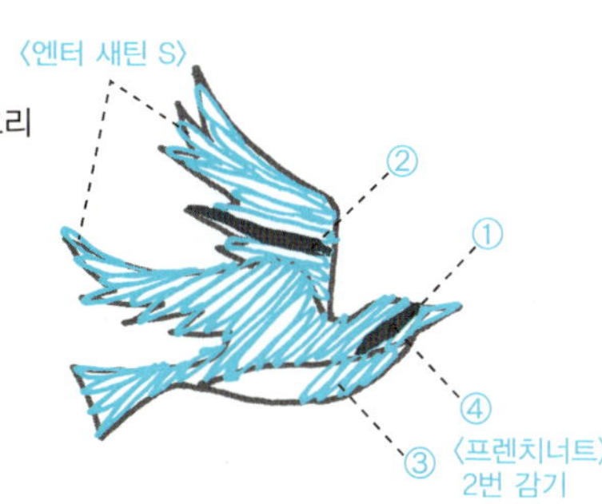

● 성

【천】 노란색

【실】 청록색 (564), 오렌지 (145),
　　　옅은 담청색 (410A)

〈수놓는 순서와 방향〉

①～③ 성벽 (410A)

④ 지붕 (564)

⑤ 깃발 (145) (564)

⑥ 창과 문 (564)

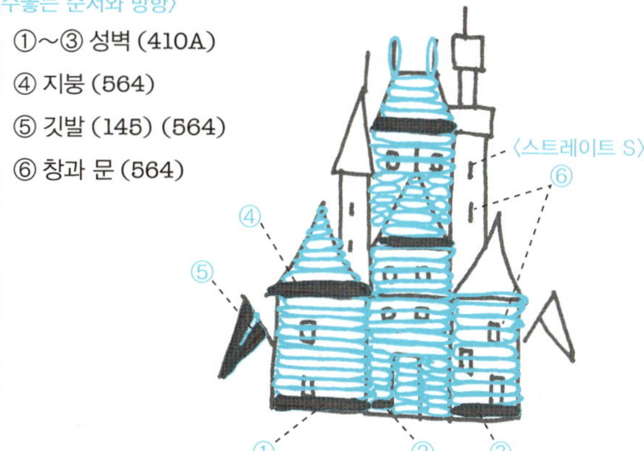

● 엉겅퀴와 팬지

【천】 노란색

【실】 청록색 (564), 오렌지 (145),
　　　옅은 담청색 (410A)

〈수놓는 순서와 방향〉

① 꽃잎 (145) (410A)

② 꽃받침, 꽃술 (564)

③ 줄기 (564)

④ 잎 (564)

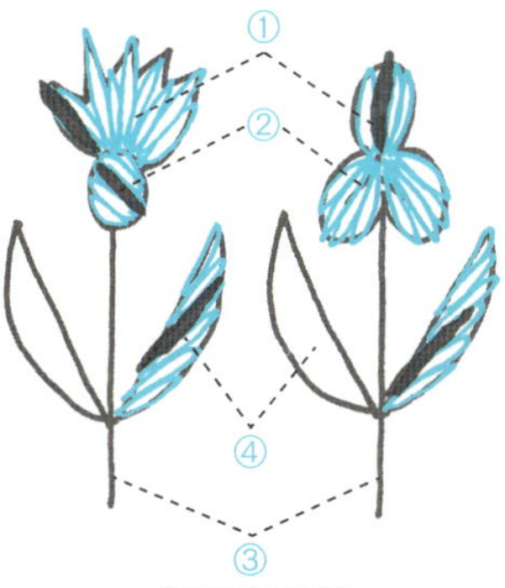

이상한 나라의 앨리스 (참고작품)　photo>>p.4&5

● 앨리스

【천】 흰색
【실】 옅은 오렌지 (341),
　　　갈색 (340), 블루 (214),
　　　흰색 (2500), 검정색 (600)

〈실물 크기 도안〉

〈수놓는 순서와 방향〉

① 얼굴 (341)
② 머리카락 (340)
③ 소매 (214)
④ 팔 (341)
⑤ 앞치마 (2500)
⑥ 치마 (214)
⑦ 가까운 쪽 다리 (2500) (600)
⑧ 안쪽 다리 (2500) (600)
⑨ 신발 (600)
⑩ 머리띠 (600)

● 토끼

【천】 흰색
【실】 베이지 (712),
　　　빨간색 (206), 노란색(300),
　　　검정색 (600)

〈실물 크기 도안〉

〈수놓는 순서와 방향〉

① 머리 (712)
② 가까운 쪽 귀 (712)
③ 안쪽 귀 (712)
④ 소매 (206)
⑤ 옷 (206)
⑥ 앞다리 (712)
⑦ 몸통 (712)
⑧ 시계 (300)
⑨ 눈 (600)

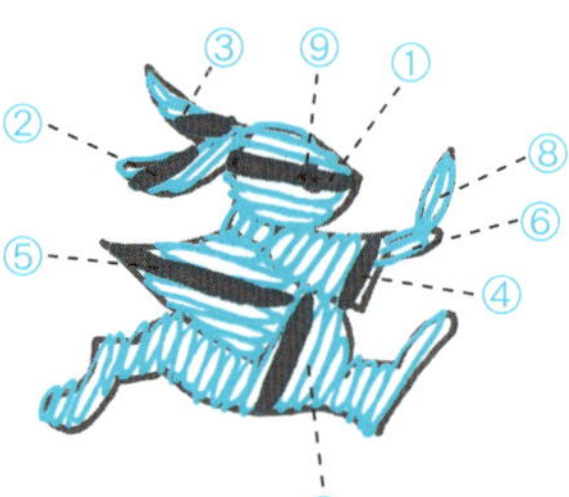

● 나무

【천】 흰색
【실】 황록색 (2323),
　　　녹색 (900),
　　　갈색 (312),
　　　베이지 (367)

〈실물 크기 도안〉

〈수놓는 순서와 방향〉

① 가지 (312) (367)
② 잎 (900) (2323)

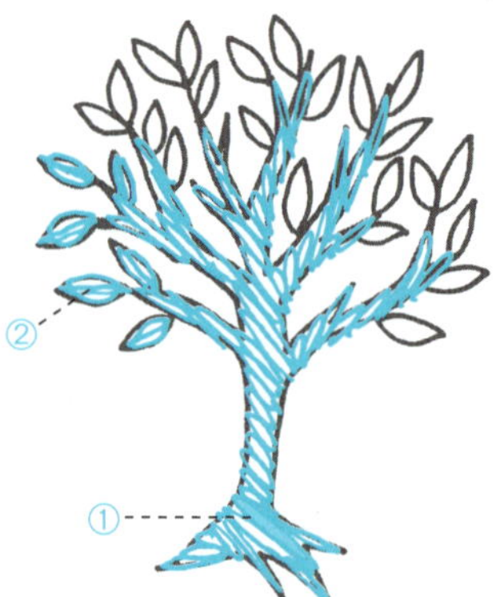

스트레이트 스티치

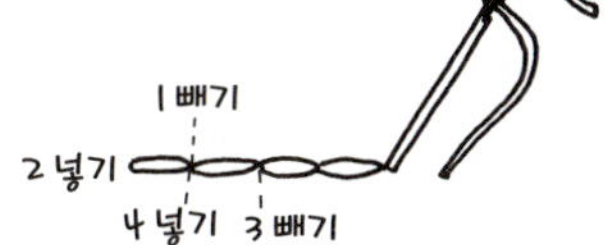

똑바로 놓는다.

백 스티치

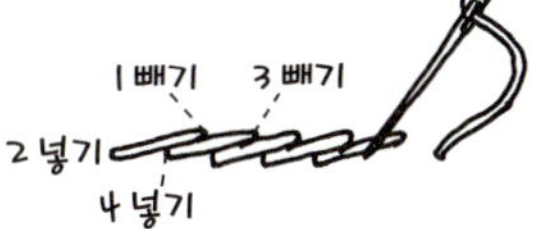

박음질처럼 앞의 스티치와 같은 구멍에 바늘을 넣는다.

아우트라인 스티치

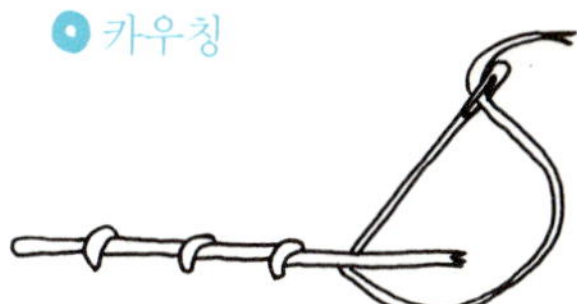

한 땀의 반 정도를 겹치면서 진행한다.

카우칭

바탕 실을 별도의 실로 고정 시켜가는 방법

체인 스티치

① 그림과 같이 바늘을 빼고 실을 건다.

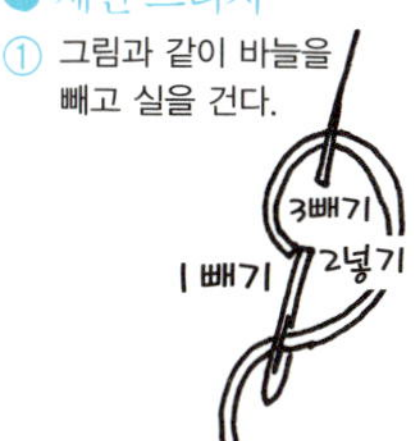

② 바늘을 천에서 뺀다.

③ 3의 바로 옆에 바늘을 넣고 ①과 같은 사이즈가 되도록 바늘을 빼는 것을 반복한다.

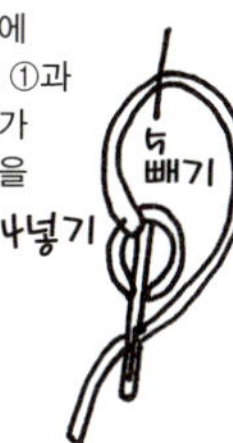

레이지데이지 스티치

①

②

체인스티치의 ①과 ②의 요령으로 수놓고 바깥쪽 을 한땀 고정시킨다.

꽃 모양으로 배치한다.

프렌치너트 스티치

①

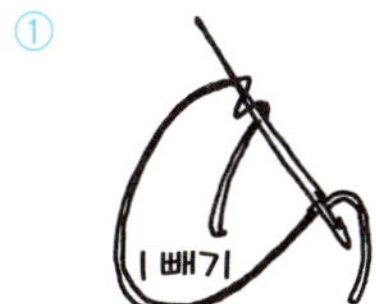

바늘을 빼고 실을 지정된 횟수 만큼 감는다. (크게 만들고 싶을 때는 실의 가닥 수를 늘린다)

②

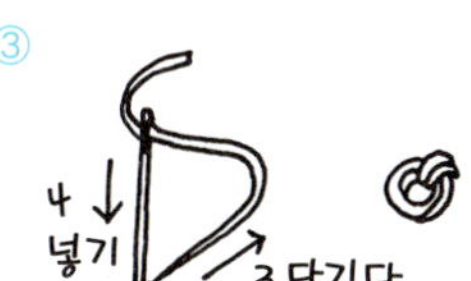

같은 곳에 바늘을 넣는다.

③

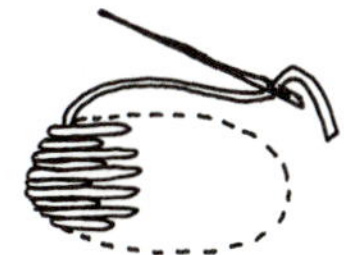

실을 당겨서 조인 상태를 만든 후, 바늘을 아래로 넣어 당긴다.

롱 & 쇼트 스티치

① 긴 스티치와 짧은 스티치를 놓는다.

② 약간 앞으로 꺼내서 제일 처음에 놓은 스티치 사이를 가르듯이 놓는다.

③ 틈을 메우듯이 수를 놓는다.

체인 페더 스티치

①

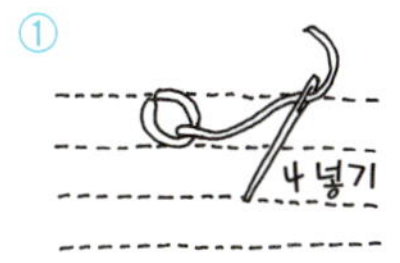

보조선을 4줄 긋는다. 체인스티 치의 ①과 ②를 놓고, 그림의 위 치에 바늘을 넣는다.

②

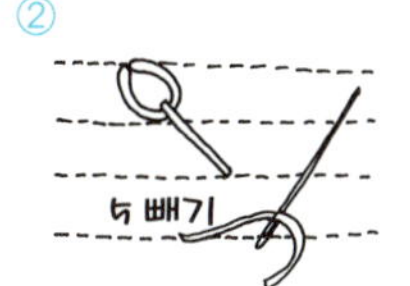

5의 위치에서 바늘을 빼고 위를 향해 체인 스티치를 한다.

③

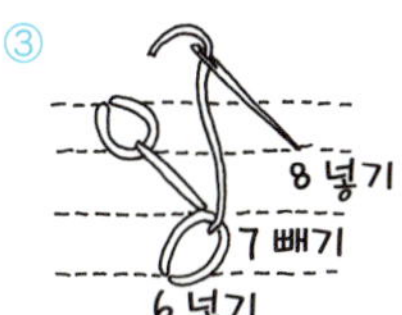

그림의 위치에 바늘을 넣는다. 이것을 반복한다.

안나의 귀여운 쁘띠자수

초판 1쇄 발행 | 2015년 9월 10일
지은이 | 가와바타 안나
옮긴이 | 김수정
펴낸곳 | 윌스타일
펴낸이 | 김화수
출판등록 | 제300-2011-71호 (2011년 4월 19일)
주소 | (110-872) 서울시 종로구 사직로8길 34, 1203호
전화 | 02-725-9597
팩스 | 02-725-0312
이메일 | willcompany@nate.com
ISBN | 979-11-85676-21-0   13630

* 윌스타일(WILLSTYLE)은 윌컴퍼니(WILLCOMPANY)의 취미·실용 전문 브랜드입니다.
* 잘못된 책은 구입하신 곳에서 바꿔드립니다.
* 책값은 뒤표지에 있습니다.

이 도서의 국립중앙도서관 출판예정도서목록(CIP)은 서지정보유통지원시스템 홈페이
지(http://seoji.nl.go.kr)와 국가자료공동목록시스템(http://www.nl.go.kr/kolisnet)에
서 이용하실 수 있습니다.(CIP제어번호: CIP2015023767)